DIREITOS E GARANTIAS FUNDAMENTAIS

SÉRIE ESTUDOS JURÍDICOS: DIREITO PÚBLICO

inter
saberes

1ª edição

Alexandre Coutinho Pagliarini

inter saberes

Rua Clara Vendramin, 58 . Mossunguê . Cep 81200-170 . Curitiba . PR . Brasil
Fone: (41) 2106-4170 . www.intersaberes.com . editora@intersaberes.com

Conselho editorial Dr. Ivo José Both (presidente), Drª. Elena Godoy, Dr. Neri dos Santos, Dr. Ulf Gregor Baranow ▪ **Editora-chefe** Lindsay Azambuja ▪ **Gerente editorial** Ariadne Nunes Wenger ▪ **Preparação de originais** Gilberto Girardello Filho ▪ **Edição de texto** Letra & Língua Ltda. - ME, Monique Francis Fagundes Gonçalves ▪ **Capa** Luana Machado Amaro ▪ **Projeto gráfico** Mayra Yoshizawa ▪ **Diagramação** Regiane Rosa ▪ **Designer responsável** Iná Trigo ▪ **Iconografia** Regina Claudia Cruz Prestes

EDITORA AFILIADA

Dados Internacionais de Catalogação na Publicação (CIP)
(Câmara Brasileira do Livro, SP, Brasil)

Pagliarini, Alexandre Coutinho
    Direitos e garantias fundamentais/Alexandre Coutinho Pagliarini. Curitiba: InterSaberes, 2021. (Série Estudos Jurídicos: Direito Público)

    Bibliografia.
    ISBN 978-65-89818-33-5

    1. Brasil – Direito constitucional 2. Direito constitucional 3. Direitos fundamentais 4. Direitos humanos 5. Garantias constitucionais I. Título II. Série.

21-61439   CDU-342.7(81)

Índices para catálogo sistemático:

1. Brasil: Direitos fundamentais: Direito   342.7(81)
2. Brasil: Garantias constitucionais: Direito   342.7(81)

Cibele Maria Dias – Bibliotecária – CRB-8/9427

1ª edição, 2021.

Foi feito o depósito legal.

Informamos que é de inteira responsabilidade do autor a emissão de conceitos.

Nenhuma parte desta publicação poderá ser reproduzida por qualquer meio ou forma sem a prévia autorização da Editora InterSaberes.

A violação dos direitos autorais é crime estabelecido na Lei n. 9.610/1998 e punido pelo art. 184 do Código Penal.

Sumário

7 ▪ *Prefácio*

11 ▪ *Introdução*

Capítulo 1
17 ▪ **Um verdadeiro significado para a fundamentalidade de alguns direitos**

27 | Aproximações e distanciamentos entre algumas expressões

30 | Direitos fundamentais

31 | Direitos humanos

32 | Direitos humanos fundamentais

32 | Direitos individuais

34 | Direitos civis

36 | Simplesmente "direitos"

Capítulo 2
39 ▪ **Os perigos da desestruturação do direito constitucional e da perda da fundamentalidade dos direitos em razão dos modismos fundamentalistas e dos "novos direitos"**

43 | A semântica do constitucionalismo, do neoconstitucionalismo e de outros "ismos"

Capítulo 3
53 ▪ Um pouco de história

71 | Gerações, dimensões ou o quê?
73 | A essencialidade da compreensão da primeira geração
88 | A essencialidade da compreensão da segunda geração
98 | A terceira geração
100 | A quarta geração
101 | A quinta geração
103 | A sexta geração
104 | A inflação geracional e a pulverização da essencialidade daquilo que, de fato, é direito fundamental
107 | O direito internacional público dos direitos humanos

Capítulo 4
131 ▪ Alguns julgamentos da Corte Europeia de Direitos Humanos e da Corte Interamericana de Direitos Humanos

132 | Nacionalidade
148 | Tribunal de Justiça da União Europeia – caso Bosman
151 | Corte Interamericana de Direitos Humanos – caso das crianças Yean e Bosico *vs.* República Dominicana

Capítulo 5
157 ▪ Processo constitucional

159 | Introdução ao sistema brasileiro de controle de constitucionalidade e direito comparado
175 | Remédios constitucionais

197 ▪ *Considerações finais*
203 ▪ *Referências*
223 ▪ *Apêndice*
233 ▪ *Sobre o autor*

Prefácio

Este livro se ocupa de um dos domínios mais sedutores de toda a ciência do direito: o dos **direitos e garantias fundamentais.** Além disso, ele se enquadra tanto na categoria do direito constitucional quanto na do direito internacional público, daí a dupla importância, em termos de inserção normativa, das liberdades e de suas garantias de fruição.

Ao mesmo tempo em que a temática da obra fascina, ela igualmente induz a preocupações, por duas razões: (i) no campo do direito internacional, as grandes potências têm sido as primeiras a violar os direitos e as liberdades conquistados ao longo de séculos pelo direito constitucional, reafirmados e até alargados a partir de 1948 em âmbito global; (ii) nos dias atuais, tudo parece transformar-se em direito fundamental, qualidade esta que não pode ser característica de **qualquer** direito.

Alexandre Coutinho Pagliarini enfrenta as duas preocupações apresentadas no parágrafo anterior com o estilo que lhe é peculiar, porquanto alia, ao mesmo tempo, a erudição, a simplicidade, a liberdade de escrita e a fineza do bom humor oportuno e conveniente.

As partes mais notáveis do livro ressaltam aos olhos quando o autor explica, com riqueza de detalhes históricos, o próprio **significado de expressões que são – ou não – equivalentes**, tais como *direitos fundamentais*, *direitos humanos*, *direitos civis* e *direitos individuais*. Só essa parte da exposição já valeria a publicação de um ensaio.

Contudo, vai além o professor Pagliarini quando discorre, de forma crítica, sobre aquilo que aponta como inflação geracional que pulveriza a essencialidade do que é, de fato, fundamental. Perpassando pelo direito internacional dos direitos humanos **a partir de uma filosofia prudente, positivista, apolítica e não panfletária**, o autor termina o livro didaticamente, fornecendo aos estudantes e operadores do direito a teoria e a prática para que bem possam compreender os instrumentos processuais de garantia dos direitos fundamentais, tais como o mandado de segurança e o *habeas corpus*.

Prefacia-se, aqui, obra que certamente ocupará lugar de peso na bibliografia do direito público brasileiro.

São Paulo, (sob as águas de) março de 2021.

Francisco Rezek[1]

---

1 Ministro aposentado do Supremo Tribunal Federal (1983-1990/1992-1997), Ministro de Estado das Relações Exteriores (1990-1992) e Juiz da Corte Internacional de Justiça - ONU, Haia (1997-2006).

Introdução

O título deste livro é *Direitos e garantias fundamentais*. Inicialmente, ele se destinaria aos alunos do curso de Direito do Centro Universitário Internacional Uninter na modalidade EaD (ensino a distância). Contudo, quando escrevemos este livro, dedicamos todas as linhas compostas não só aos alunos do curso citado, mas também aos presenciais. E não ficou por aí: dado o fato de a Editora InterSaberes ter enorme capacidade para distribuição em âmbitos nacional e internacional, este livro foi escrito e dedicado a todos os alunos de direito constitucional (DC) e de direito internacional público (DIP) que têm de estudar os direitos e as garantias fundamentais. O que ensinamos aqui dedicamos, em primeiro lugar, aos estudantes e operadores do direito brasileiros, em razão da análise primordial do sistema jurídico pátrio, destinando-se, porém, também aos graduandos e aos bacharéis em Direito dos países lusófonos. Isso porque a obra não se restringe ao estudo das normas jurídicas brasileiras, mas se alarga à análise da história dos direitos fundamentais e de seus instrumentos de garantia no direito comparado. Assim, o estudo que ora introduzimos poderia ser facilmente lido e absorvido por um francês ou por um norte-americano, justamente porque aborda os direitos fundamentais na esfera do direito comparado; mas, aqui, entra a questão da língua: o livro foi escrito em português, logo, destina-se aos brasileiros e demais lusófonos.

No Capítulo 1, analisamos os significados da palavra *fundamental* e das expressões *direitos fundamentais, direitos humanos, direitos humanos fundamentais, direitos individuais, direitos civis* ou simplesmente *direitos*, inclusive em termos normativos, históricos e geográficos. Também examinamos um sentido para a fundamentalidade de alguns direitos, fazendo-o com o intuito de responder à pergunta: Por qual razão o direito "x" é fundamental e por qual razão o direito "y" não é fundamental? Logo, a pergunta básica, na realidade, é a seguinte: O que é um direito fundamental e por que é um direito fundamental? Eis o Capítulo 1.

Tendo em vista que, no primeiro capítulo, abordamos a fundamentalidade de alguns direitos para que possamos classificá-los como fundamentais, no Capítulo 2, evidenciamos os perigos da desestruturação do direito constitucional e da perda da essencialidade de direitos em virtude de modismos fundamentalistas que se baseiam em expressões carregadas de cargas semânticas plenas de equívocos, tais como *novos direitos, constitucionalismo, neoconstitucionalismo* e outros "ismos".

Portanto, o Capítulo 2 representa um solilóquio muito bem fundamentado contra algumas novas doutrinas que fogem da tradicional hermenêutica constitucional de Celso Ribeiro Bastos (2014) e do positivismo jurídico de Hans Kelsen (2009) e seus seguidores (Pfersmann, 2014). No capítulo, ainda tratamos do ativismo judicial que vem marcando países como o Brasil.

Por sua vez, no Capítulo 3, voltamo-nos às gerações dos direitos fundamentais. Sobre o tema, enfatizamos que, quando usamos a expressão *gerações*, **não significa** que uma geração posterior terá superado e suplantado a geração anterior. Na realidade, o que ocorre é uma coexistência entre gerações de direitos fundamentais não só nas Constituições, mas também nas Declarações de DIP. Todavia, para evitar o pensamento de que uma geração supera (suplanta) a outra, há autores que preferem, em lugar de *gerações*, a expressão *dimensões*, ficando assim seus escritos: *primeira dimensão dos direitos fundamentais, segunda dimensão dos direitos fundamentais* etc. – exemplo disso é André Ramos Tavares (2019).

Nesse contexto, explicamos que a primeira geração é marcada pelo individualismo, pelo liberalismo e, no campo da economia, pelo capitalismo. Já na segunda geração, ficam acentuados os direitos sociais e, portanto, o coletivismo e aquele algo de bom para o que serviram as sociais democracias que não se enveredaram no totalitarismo. A terceira geração é o complemento da fraternidade do trilema da Revolução Francesa, a qual se identifica contemporaneamente com a solidariedade, aí entrando os direitos econômicos, a questão ambiental, a do consumidor e os direitos difusos e coletivos como um todo. Ao seu turno, a quarta geração refere-se aos instrumentos de democracia direta, inseridos nas Constituições europeias após a Segunda Guerra Mundial e nas Constituições latino-americanas após as redemocratizações de países como Brasil, Argentina e Paraguai.

É no sentido de uma participação popular direta que Friedrich Müller (2004, p. 60) afirma que "o 'Povo' não deve funcionar como metáfora, o povo deve poder aparecer como sujeito empírico", ou seja: quanto mais houver participação direta popular – efetivamente! –, mais democracia se detectará e mais justificado será o Texto Constitucional.

Sequencialmente, a quinta geração partiu de uma opinião isolada de Paulo Bonavides (2020), para quem a paz é um direito fundamental que ganhou contornos ainda mais profundos em termos de importância após os ataques terroristas ocorridos contra os Estados Unidos em 2001. A sexta geração, segundo Zulmar Fachin (2015), diz respeito à preservação especificamente da água. Nesse capítulo, tecemos severas críticas ao número exacerbado de gerações de direitos fundamentais, comparando a temática com a da aplicabilidade das normas constitucionais lecionada por Cooley (1880) e seguida por Ruy Barbosa (1932).

No Capítulo 4, examinamos alguns julgamentos significativos de direitos humanos passados na Corte Interamericana de Direitos Humanos e na Corte Europeia de Direitos Humanos, isso em razão dos estudos levados a cabo pelo doutor Fauzi Hassan Choukr e seu qualificado grupo de investigadores da FaCamp.

Para findar, no quinto e derradeiro capítulo, o assunto passa a ser o processo constitucional, que, segundo José Alfredo de Oliveira Baracho (2008), subdivide-se em dois subtópicos, quais sejam: (i) controle de constitucionalidade; (ii) remédios constitucionais. Sobre o tema, investigamos as origens do controle de constitucionalidade nos Estados Unidos e na Áustria, fazendo um estudo de direito comparado que tem como eixo o Brasil de ontem e o Brasil de hoje. Portanto, analisamos as minúcias do controle difuso (incidental, concreto) de constitucionalidade e do controle concentrado (abstrato, direto) de constitucionalidade.

Para completar a temática do direito processual constitucional, na segunda parte do capítulo, contemplamos as ações garantidoras da fruição dos direitos humanos, isso porque de nada adiantaria a Constituição ou o DIP dizerem que "todos são livres" se não houvesse o instrumento processual do *habeas corpus*, nem haveria sentido prático na norma substantiva "todos serem iguais perante a lei" se não houvesse o instrumento processual do mandado de segurança, sendo necessário fixar em mente que a expressão *ações constitucionais* é sinônima de *remédios constitucionais*. E quais são os remédios constitucionais? Ei-los: *habeas data*; mandado de injunção individual; mandado de injunção coletivo; ação popular; mandado de segurança individual; mandado de segurança coletivo; *habeas corpus*; ação civil pública.

Ao final, as conclusões indicam que os direitos e as garantias fundamentais, em sua história e na atualidade tanto do Brasil quanto no direito comparado, são marcados pela substancialidade de terem sido declarados em Constituições e no DIP, assim como apresentam um alto grau de efetividade por conta da existência de instrumentos de controle de constitucionalidade e dos remédios constitucionais, que são os elementos processuais garantidores da fruição de tais direitos.

Capítulo 1

Um verdadeiro significado para a fundamentalidade de alguns direitos

Iniciaremos este capítulo abordando a questão do significado. Então, é de se perguntar: O que é fundamental?

Imagine-se: você e seu(sua) cônjuge, donos de um lote na cidade francesa de Briançon e contratantes de um arquiteto e de um engenheiro para a execução do projeto e da construção de uma casa. O dinheiro é curto, por isso vocês sugerem aos dois profissionais contratados que sejam minimalistas e só projetem e construam o que é fundamental, ou seja, aquilo que é vital (vital!) para a casa.

Ora, a casa será construída em Briançon, a cidade mais alta da França – na Europa, só perde para Davos, na Suíça – e uma das mais frias dos Alpes e de toda Europa ocidental. Ao mesmo tempo em que se deve evitar morrer de frio, é necessária a economia de dinheiro. Diante disso, uma das alternativas é economizar com maiores gastos presentes e futuros nas estruturas para a energia elétrica e com esta em si, razão pela qual os contratados propõem a colocação de placas e painéis de energia solar no teto externo, bem como de uma lareira na ampla sala que seja o centro de um sistema de calefação, o qual, por meio de tubos, levará calor a todos os cômodos da casa.

Vejam: a cidade é Briançon, nos Alpes franceses, e o frio é intenso. Logo, um sistema eficiente de aquecimento é absolutamente fundamental, verdade esta que seria mentira no Rio de Janeiro, capital conhecida como uma das mais quentes e úmidas dos trópicos. O que é essencial (fundamental) em Briançon é desnecessário no Rio de Janeiro.

Mas continue, você e seu(sua) cônjuge, a se imaginar nas peles do arquiteto e do engenheiro: por certo, terão de fazer a fundação da casa batendo as estacas por meio de uma técnica que considere que se construirá algo no alto de uma montanha coberta de neve durante boa parte do ano, e isso faz crer que a fundação do imóvel é fundamental, senão ele afunda ou desliza morro abaixo. Do mesmo modo, serão fundamentais as paredes, o telhado, o assoalho próprio para terras frias, as janelas, uma sala, ao menos um quarto de dormir, um banheiro, uma cozinha e uma despensa.

Tudo isso é fundamental, mesmo que a casa tenha 50 metros quadrados e que a ideia seja construir um "pequeno estúdio nas neves". Já avançada a construção da casa e estressados todos os envolvidos, o(a) cônjuge sugere a compra, em Paris, de originais de Juarez Machado e de Botero para ornar as paredes da futura casa. Você, querendo conter gastos impossíveis, sustenta que bastariam reproduções não originais (em gravura) dos dois artistas latino-americanos, e não telas realmente pintadas, uma vez que estas custam infinitamente mais. Todavia, você percebe que o orçamento é insuficiente até para simples gravuras, mesmo para a aquisição daquelas dos impressionistas que são vendidas aos montes nas lojinhas dos indianos em Montmartre. E não é pelo orçamento do casal que os ornamentos das paredes são supérfluos: é porque eles são supérfluos mesmo, e isso significa que nem os quadros nem as gravuras são fundamentais! São, tampouco, fundamentais um jardim, uma rede de descanso ao ar livre, uma piscina externa, um tanque externo de peixinhos e uma maritaca.

Antes de investigarmos a fundamentalidade de alguns direitos, vamos a mais um exemplo do alcance da expressão *fundamental*, dessa vez tirado da culinária brasileira. Pense, então, em uma feijoada, provavelmente o mais popular dos pratos criados em território nacional. São essenciais para que o que se está cozinhando seja identificado como feijoada, isto é, **são elementos fundamentais da feijoada**: o feijão preto, a cebola, a couve temperada ao alho e óleo (ou banha de porco), as laranjas e a mais básica das águas ferventes. Do quadrúpede suíno vão o charque, a carne de sol (ou seca), as orelhas, os pés, as costelas, a calabresa, o paio e o lombo. Eis a feijoada!

Na ocasião do cozimento da iguaria, foi sugerido ao cozinheiro colocar também língua de vaca, no que ele respondeu que a língua até fica gostosa se feita à parte e servida opcionalmente, pois ela não é fundamental para a construção do prato chamado *feijoada*, não tanto quanto o feijão preto ou o paio, por exemplo. Ainda foi dito ao cozinheiro que adicionasse fígado de galinha e *filet mignon* cortado em cubos, sugestões estas que foram prontamente rechaçadas pelo profissional da cozinha porque fígado de galinha e *filet mignon*, além de não serem fundamentais para a construção da feijoada, não são elementos que casam bem com o sabor do prato.

Respondeu o cozinheiro que colocar tais cortes na feijoada que preparava seria tão errado quanto inseri-los no pudim de leite que também deixaria pronto, e aí veem-se palpiteiros e *chef* diante da teoria dos sistemas porque o cozinheiro, além de *chef*, também era formado em direito e adepto do insuperável positivismo jurídico, portanto, versado em assuntos tais como pertinência temática e teoria das classes. Bravo, ele afirmou: "Saiam daqui e me deixem cozinhar; o que pode, pode! O que não pode, não pode! O que casa, casa, o que não casa, não casa! Eu sou o cozinheiro, portanto só eu conheço os ingredientes fundamentais da feijoada; *get out*!".

Agora, torna-se necessário verificar o significado da palavra *fundamental* e de algumas de suas variantes, tal como *fundamentalidade*. Para tanto, utilizaremos a versão *on-line* do *Dicionário Priberam da Língua Portuguesa* (DPLP), não só para a busca do significado dessas duas palavras, mas também em razão de sua aceitação entre os investigadores mais experientes da Faculdade de Direito da Universidade de Lisboa.

Conforme o DPLP, *fundamental* é o que serve de fundamento, é essencial e principal (Fundamental, 2021); é algo vital. A fundamentalidade se relaciona tanto ao significado variante de fundamental quanto a fundamentalmente, fulcral, substancial, elementar, crucial. Teólogos da expressão de Santo Agostinho (1995) e de Santo Hilário de Poitiers (2014), na explicação da Santíssima Trindade, afirmam que as três Pessoas (o Pai, o Filho e o Espírito Santo) são, de fato, três Pessoas distintas, mas aproximadas (unas!), porquanto partícipes indissociáveis do Deus-Uno-e-Trino em uma mesma essência, mesma natureza e mesma substância. Logo, ser fundamental é ser da natureza de! São da natureza do ser Deus as Pessoas do Pai, do Filho e do

Espírito Santo, Pessoas que se constituem no fundamento do que se deve compreender por Deus. Do mesmo modo, se o feijão é fundamental para a feijoada, podemos afirmar que o feijão é da natureza da feijoada e que não há feijoada sem feijão, nem sem paio, nem sem costela de porco.

Então, conhecido o significado de *fundamental*, passaremos a investigar, no direito, o que pode vir a ser fundamental. Começaremos pelo que não é direito fundamental: certamente, o direito de o credor receber o que lhe deve o devedor não é fundamental; nem é fundamental o direito de o município receber do contribuinte o valor que este deve a título de Imposto Predial e Territorial Urbano (IPTU); tampouco é fundamental o direito de o proprietário ter seu apartamento consertado pelo antigo inquilino que o avariou durante o contrato de locação.

Normativamente falando – e é isso o que importa na ciência do direito! –, para começarmos a saber o que é um direito fundamental, devemos ter em mente, primeiramente, a redação escrita[1] do *caput* do art. 5º da Constituição Federal de 1988[2,] onde estão enunciados como direitos fundamentais (direitos

---

1   A primeira interpretação que o juiz e qualquer operador do direito deve fazer é a que parte da literalidade da norma escrita. Eis o primeiro passo. Havendo ato posto pela autoridade competente, na forma de norma geral e abstrata, há de se observar estritamente o que está posto em vernáculo, não se podendo inventar; logo, a norma individual e concreta deve ter relação direta com a norma geral e abstrata dentro do sistema posto de normas chamado *direito*. Outras interpretações, em uma hermenêutica constitucional minimamente racional, serão explicadas adiante, oportunamente.

2   "Art. 5º Todos são iguais perante a lei, sem distinção de qualquer natureza, garantindo-se aos brasileiros e aos estrangeiros residentes no País a inviolabilidade do direito à vida, à liberdade, à igualdade, à segurança e à propriedade, nos termos seguintes [...]" (Brasil, 1988).

humanos) os seguintes: vida, liberdade, igualdade, segurança e propriedade (Brasil, 1988). Percebam os leitores que o *caput* do art. 5º é genérico (vida, propriedade...); sim, porque as especificidades vêm a seguir, nos 78 incisos que elencam direitos fundamentais de todas as espécies válidos no ordenamento brasileiro, sendo o Brasil, no direito comparado, o mais generoso entre todos os países do mundo em termos de direitos fundamentais.

Mas não são só direitos humanos os prescritos como tais no *caput* e nos 78 incisos do art. 5º. Há mais, pois outros decorrem da interpretação do que consta por escrito no "Preâmbulo"[3] da Carta Política brasileira, quais sejam: nacionalidade (povo **brasileiro**), democracia, direitos sociais e direitos individuais (que são espécies da classe – do gênero – dos direitos fundamentais), liberdade (já consta no *caput* do art. 5º), segurança (já consta no *caput* do art. 5º), bem-estar, desenvolvimento, igualdade (já const no *caput* do art. 5º), justiça, fraternidade (leia-se solidariedade), pluralismo(s) – geral, ou seja, **todos** os pluralismos –, proibição de se nutrir preconceitos, harmonia social, solução pacífica das controvérsias (internas e internacionais) e proteção de Deus – invocada expressamente na promulgação da Carta (o que leva a se questionar a laicidade pátria).

---

3 "Nós, representantes do povo brasileiro, reunidos em Assembleia Nacional Constituinte para instituir um Estado Democrático, destinado a assegurar o exercício dos Direitos Sociais e individuais, a liberdade, a segurança, o bem-estar, o desenvolvimento, a igualdade e a justiça como valores supremos de uma sociedade fraterna, pluralista e sem preconceitos, fundada na harmonia social e comprometida, na ordem interna e internacional, com a solução pacífica das controvérsias, promulgamos, sob a proteção de Deus, a seguinte CONSTITUIÇÃO DA REPÚBLICA FEDERATIVA DO BRASIL." (Brasil, 1988).

Uma terceira classe (ou módulo) de direitos fundamentais foi posta na Carta na forma de enunciação de princípios fundamentais[4]. Não que princípios fundamentais sejam sempre direitos fundamentais, mas dos princípios podem (e decorrem) alguns direitos. Da interpretação sistemática que se faz dos arts. 1º ao 4º, encontram-se direitos fundamentais. Atente-se ao fato de que só serão elencados adiante os direitos fundamentais que não foram enunciados anteriormente[5]; ei-los: cidadania, dignidade da pessoa humana, valores sociais do trabalho e da livre iniciativa, erradicação da pobreza e da marginalização e redução das desigualdades sociais e regionais, defesa da paz

---

4   "TÍTULO I - DOS PRINCÍPIOS FUNDAMENTAIS - Art. 1º A República Federativa do Brasil, formada pela união indissolúvel dos Estados e Municípios e do Distrito Federal, constitui-se em Estado Democrático de Direito e tem como fundamentos: I - a soberania; II - a cidadania; III - a dignidade da pessoa humana; IV - os valores sociais do trabalho e da livre iniciativa; V - o pluralismo político. Parágrafo único. Todo o poder emana do povo, que o exerce por meio de representantes eleitos ou diretamente, nos termos desta Constituição. Art. 2º São Poderes da União, independentes e harmônicos entre si, o Legislativo, o Executivo e o Judiciário. Art. 3º Constituem objetivos fundamentais da República Federativa do Brasil: I - construir uma sociedade livre, justa e solidária; II - garantir o desenvolvimento nacional; III - erradicar a pobreza e a marginalização e reduzir as desigualdades sociais e regionais; IV - promover o bem de todos, sem preconceitos de origem, raça, sexo, cor, idade e quaisquer outras formas de discriminação. Art. 4º A República Federativa do Brasil rege-se nas suas relações internacionais pelos seguintes princípios: I - independência nacional; II - prevalência dos direitos humanos; III autodeterminação dos povos; IV - não-intervenção; V - igualdade entre os Estados; VI - defesa da paz; VII - solução pacífica dos conflitos; VIII - repúdio ao terrorismo e ao racismo; IX - cooperação entre os povos para o progresso da humanidade; X - concessão de asilo político. Parágrafo único. A República Federativa do Brasil buscará a integração econômica, política, social e cultural dos povos da América Latina, visando à formação de uma comunidade latino-americana de nações" (Brasil, 1988, grifo do original).

5   Fez-se isso para evitar as repetições nas quais o próprio Poder Constituinte Originário de 1988 incorreu na escrita da Carta Magna, o que é uma falha em termos de técnica legislativa, podendo ser corrigidas tais repetições pela ciência do direito, o que se faz aqui e agora.

(em âmbito internacional, o que vale, obviamente, para os quadrantes internos da República) e proibição de condutas terroristas (Brasil, 1988). Outros princípios fundamentais escritos no "Título I" da Constituição foram aqui omitidos ou porque se referem à estruturação do Estado brasileiro, ou por conta de já terem sido prescritos no *caput* do art. 5º ou no "Preâmbulo" da Carta.

Por fim, o quadro de direitos fundamentais se encerra quando se leva em conta a abertura proporcionada pela "cláusula de abertura para o terceiro edifício de Direitos Humanos" (Pagliarini, 2005, p. 33), constante no parágrafo 2º[6] do art. 5º da Carta de 1988. Os tratados internacionais de direitos humanos[7] são "veículos introdutores de normas de Direitos Humanos assentados em suporte físico" (Pagliarini, 2004, p. 116). Isso certamente induz à seguinte interpretação: (i) porque os tratados internacionais de direitos humanos foram previstos como veículos introdutores de normas de direitos humanos pela própria Constituição no parágrafo 2º do art. 5º, então é lógico que a hierarquia do Tratado Internacional de Direitos Humanos só pode ser constitucional, não **infra**; (ii) os tratados de direitos humanos são o quarto módulo de direitos humanos previsto constitucionalmente no sistema jurídico brasileiro, e isso é incontestável e está

---

6 "§ 2º Os direitos e garantias expressos nesta Constituição não excluem outros decorrentes do regime e dos princípios por ela adotados, ou dos tratados internacionais em que a República Federativa do Brasil seja parte" (Brasil, 1988).

7 No que se refere ao Brasil, os documentos normativos internacionais de direitos fundamentais mais importantes são os que seguem: Declaração Universal dos Direitos Humanos (ONU, 1948); Pacto Internacional sobre Direitos Civis e Políticos (ONU, 1966a); Pacto Internacional dos Direitos Econômicos, Sociais e Culturais (ONU, 1966b); Convenção Americana sobre Direitos Humanos (OEA, 1969).

a ser aqui provado. Para uma leitura mais facilitada em esquema, os módulos de direitos humanos são os que seguem:

- **1º módulo de direitos humanos**[18]: o *caput*, os 78 incisos e os quatro parágrafos[19] do art. 5º da Constituição;
- **2º módulo de direitos humanos**: o "Preâmbulo" da Constituição;
- **3º módulo de direitos humanos**: todo o "Título I" da Constituição;
- **4º módulo de direitos humanos**: os tratados internacionais que versem sobre o assunto.

Para encerrar este item, queremos responder a uma pergunta que, ordinariamente, não é respondida pela doutrina brasileira, muito menos pelo Supremo Tribunal Federal (STF). A pergunta é: Entre os direitos fundamentais, qual é o mais importante? A resposta segue a lógica: só pode ser a vida! O direito à vida se sobrepõe a todo e qualquer outro direito fundamental, isso porque é entre seres vivos e racionais que se fala em dignidade, liberdade, propriedade, igualdade e fraternidade. Logo, é por isso que a legalização das condutas do

---

8   Como será visto no momento oportuno, tenha-se em mente simplesmente o seguinte: *direitos humanos* e *direitos fundamentais* são sinônimos.

9   Os quatro parágrafos do art. 5º são: "§ 1º As normas definidoras dos direitos e garantias fundamentais têm aplicação imediata. § 2º Os direitos e garantias expressos nesta Constituição não excluem outros decorrentes do regime e dos princípios por ela adotados, ou dos tratados internacionais em que a República Federativa do Brasil seja parte. § 3º Os tratados e convenções internacionais sobre direitos humanos que forem aprovados, em cada Casa do Congresso Nacional, em dois turnos, por três quintos dos votos dos respectivos membros, serão equivalentes às emendas constitucionais. § 4º O Brasil se submete à jurisdição de Tribunal Penal Internacional a cuja criação tenha manifestado adesão" (Brasil, 1988).

aborto e da eutanásia, em países cuja Constituição declara a vida como direito fundamental, é uma gritante inconstitucionalidade (Miranda, 2016).

— 1.1 —
Aproximações e distanciamentos entre algumas expressões

Há imensa confusão terminológica envolvendo as expressões *direitos fundamentais, direitos humanos, direitos humanos fundamentais, direitos individuais, direitos civis* ou simplesmente *direitos*.

Surgem perguntas, um autoquestionamento afirmativo e uma advertência para resolver o impasse semântico. São eles:

I. Tais expressões são sinônimas? A resposta é ambígua: sim e não; depende. Já que este livro se intitula *Direitos e garantias fundamentais*, então daremos prioridade ao entendimento do que vêm a ser os direitos **fundamentais**. São direitos fundamentais aqueles oponíveis contra o Estado (principalmente) e contra a própria coletividade, assecuratórios de bens jurídicos que foram sendo conquistados historicamente pelos direitos constitucional e internacional, atinentes à salvaguarda da vida, da liberdade, da igualdade, da fraternidade, da propriedade, da segurança, do meio ambiente equilibrado, entre outros aspectos. Sinteticamente definindo: fundamentais são os direitos essenciais ao indivíduo e à coletividade para a vida em sociedade.

II. A definição do parágrafo anterior serve para que outras expressões? A resposta é: serve para igualmente definir o significado e o alcance de direitos humanos, direitos humanos fundamentais e direitos civis, com as diferenciações e críticas que serão vistas adiante.

III. Mediante a contextualização que faremos a seguir, pode ser cuidadosamente colocada na lista de sinônimos a expressão *direitos individuais*, apesar de o seu significado ter muito maior valor histórico (geracional).

IV. Os contextos geopolíticos e históricos são importantes para a compreensão de significados e alcances de palavras e expressões? A resposta é sim. Quando se fala em direitos fundamentais, há de se levar em conta o *locus* e o *tempus*. Por exemplo, entre os judeus do Antigo Testamento e os do Novo Testamento, a mulher samaritana era discriminada por ser mulher e por ser samaritana, mas foi a uma mulher samaritana que Jesus se revelou como fonte de água viva (Bíblia. São João, 2021c, 4: 4-42) que sacia a sede eternamente.

Leciona Dimitri Dimoulis (2016) que, para os alemães do século XVIII, pouco importava o uso da expressão *direito fundamental* ou *direito humano*, e dava-se isso ao fato de a Alemanha só se ter unificado como Estado moderno cem anos mais tarde. Nesse sentido, não é necessário atravessar o Atlântico para perceber que os direitos fundamentais evoluem e/ou mudam para melhor ou para pior. Na mesma esteira, mais dois exemplos a provar que as circunstâncias cambiam e que, com elas, os direitos fundamentais também: (i) com a Revolução Russa, a Constituição de 1918 suprimiu a propriedade privada[10]; (ii) o voto da mulher[11] (Brasil, 2020d) veio com Getúlio Vargas e se consolidou no Brasil entre 1932 e 1934.

v. Por vezes, algumas das palavras e dos conjuntos compostos de palavras recém-vistos podem querer dizer a mesma coisa. Em outras vezes, o significado difere. A questão problemática volta a ser a pouca atenção que se dá ao estudo da teoria das classes (na matemática e na vida) e da teoria dos sistemas (na filosofia, no direito e na vida); por isso, confundem-se gênero e espécie. Outros três fatores que também podem ser apontados como responsáveis pela confusão terminológica são: (i) a falta de noção de história; (ii) o pouco cuidado que se tem com o estudo da língua portuguesa; (iii) uma ciência do direito não consolidada, uma vez que a doutrina nacional tem-se voltado mais aos interesses de vender livros do que de defender suas ideologias políticas.

---

10 CAPÍTULO II - 3. Além disso, sendo sua tarefa fundamental a **abolição de toda a exploração do homem pelo homem, a completa eliminação da divisão da sociedade em classes, a impiedosa repressão da resistência dos exploradores, o estabelecimento de uma organização socialista e o atingimento da vitória do socialismo em todos os países**, o III Congresso de Deputados Trabalhadores, Soldados e Camponeses de Toda a Rússia resolve: a. Visando à concretização da **socialização da terra**, fica **abolida a propriedade privada da terra**. Todos os imóveis agrícolas são declarados propriedade de todo o povo trabalhador e entregues, sem qualquer indenização, aos trabalhadores, com base no princípio da **utilização igualitária da terra** (Rússia, 1918, grifo do original).

11 "em 24 de fevereiro de 1932, o Código Eleitoral passou a assegurar o voto feminino; todavia, esse direito era concedido apenas a mulheres casadas, com autorização dos maridos, e para viúvas com renda própria. Essas limitações deixaram de existir apenas em 1934, quando o voto feminino passou a ser previsto na Constituição Federal" (Brasil, 2020d).

— 1.2 —
Direitos fundamentais

São direitos fundamentais aqueles oponíveis contra o Estado (principalmente) e contra a própria coletividade, assecuratórios de bens jurídicos que foram sendo conquistados historicamente pelos direitos constitucional e internacional, atinentes à salvaguarda da vida, da liberdade, da igualdade, da fraternidade, da propriedade, da segurança, do meio ambiente equilibrado, entre outros. Sinteticamente definindo: fundamentais são os direitos essenciais ao indivíduo e à coletividade para a vida em sociedade.

Em memorável exposição, Alexandre de Moraes (2017) explica que *direitos fundamentais* é uma expressão que tem significado próprio, não ocorrendo, então, o fenômeno da sinonímia. Além disso, o autor explica as inúmeras opiniões doutrinárias que também concedem significados próprios às demais palavras e conjuntos de palavras constantes, conforme demonstraremos entre esta seção e a Seção 1.6.

Explicando: fundamentais, então, seriam os direitos previstos constitucionalmente, ou seja, positivados na Carta Magna de dado país. Logo, direitos fundamentais seriam somente os direitos nacionais asseguradores de direitos, excluindo-se dessa lista de fundamentalidade os direitos humanos internacionais.

Ora, com a doutrina exposta por Moraes (2017) não podemos concordar, isso porque a própria Constituição brasileira fez uso da sinonímia quando inseriu, por escrito, em seu texto final, as expressões *direitos fundamentais* e as elencadas nos subcapítulos a seguir significando o mesmo que direitos fundamentais; portanto, entre o que sejam direitos fundamentais e direitos humanos, não há e não pode haver diferença.

— 1.3 —
Direitos humanos

Os direitos fundamentais seriam os nacionais, efetivos, concretizáveis perante o Judiciário do país. Os direitos humanos, então, seriam os internacionais, mas apenas aqueles previstos pelas não efetivas declarações de direitos do direito internacional público (DIP). Portanto, os direitos humanos seriam desprovidos de efetividade perante o Judiciário.

Como dito, com essa posição doutrinária explicada por Moraes (2017) tampouco concordamos, isso por duas razões simples: (i) a Constituição brasileira usa todas as expressões relatadas (*direitos fundamentais, direitos humanos fundamentais, direitos individuais, direitos civis*) com o mesmo significado de direitos fundamentais. Logo, a expressão *direitos fundamentais* significa o mesmo que direitos humanos fundamentais; (ii) o DIP usa tanto a expressão *direitos humanos* quanto *direitos fundamentais*. Exemplo disso são dois documentos normativos internacionais da maior importância: a Declaração Internacional dos Direitos Humanos (ONU, 1948) e a Carta Europeia de Direitos Fundamentais (União Europeia, 2000).

— 1.4 —
Direitos humanos fundamentais

Manoel Gonçalves Ferreira Filho (2016) e Alexandre de Moraes (2017) se utilizam da expressão *direitos humanos fundamentais* para exprimir o significado de direitos humanos (e/ou de direitos fundamentais). Apesar da excelência dos dois autores e de seus livros, a definição dos direitos fundamentais gerais (e/ou dos direitos humanos gerais) sob o título aglutinador *direitos humanos fundamentais* soa um tanto pleonástica, *data venia*, isso porque: (i) direitos humanos e direitos fundamentais têm o mesmo significado; (ii) fica parecendo que alguns direitos humanos são caracterizados como fundamentais, e outros não.

Logo, esclarecemos que, quando excelentes professores como Alexandre de Moraes e Manoel Gonçalves Ferreira Filho se referem a direitos humanos fundamentais, estão a querer transmitir a ideia geral de direitos humanos e/ou de direitos fundamentais.

— 1.5 —
Direitos individuais

A própria Constituição Federal de 1988 se refere aos direitos individuais com o significado geral de direitos humanos (e/ou de direitos fundamentais). Faz isso na cláusula pétrea (art. 60)[12]

---

[12] "§ 4º Não será objeto de deliberação a proposta de emenda tendente a abolir: I – a forma federativa de Estado; II – o voto direto, secreto, universal e periódico; III – a separação dos Poderes; IV – os direitos e garantias individuais" (Brasil, 1988).

que proíbe a tramitação de proposta de emenda tendente a abolir (e/ou a diminuir o grau de abrangência) dos direitos "individuais".

Em uma hermenêutica constitucional acertada, tenha-se em mente que a proibição de retrocesso (Piovesan, 2018) referida no parágrafo anterior abarca os direitos fundamentais em senso lato, e não só os direitos individuais em senso estrito.

De fato, no inciso IV do parágrafo 4º do art. 60, quis o Poder Constituinte originário dizer direitos e garantias fundamentais (ou direitos humanos e suas garantias); utilizou-se, todavia, das palavras conjugadas *direitos individuais*, uso este que é compreensível porque, é verdade, os direitos individuais compõem a primeira geração dos direitos humanos. Por isso, em virtude desse vanguardismo, é bastante comum que a doutrina, a jurisprudência e até mesmo as normas gerais e abstratas (Constituição, leis, tratados internacionais etc.) façam uso de uma especificidade historicamente importante (os direitos individuais) para dar conta de algo mais genérico (dos direitos fundamentais como um todo).

Então, fica a pergunta: O que são os direitos individuais e por que a Constituição os contempla como sinônimos de direitos fundamentais? Em resposta, temos que: (i) os direitos individuais são aqueles que compõem a lista das liberdades, dos direitos do *laisser faire, laisser passer*[13], ou seja, liberdade de expressão, liberdade econômica, liberdade religiosa, entre outras liberdades; (ii) a Constituição brasileira, conforme demonstrado, de fato

---

13 Deixar fazer, deixar passar.

prescreve que o Poder Constituinte derivado não pode abolir os direitos e as garantias individuais (leia-se fundamentais!).

O que relatamos se trata, destarte, de uma problemática histórico-semântica; é o mesmo que se usar Gillette com o significado geral de lâmina – "Me dá uma gillette aí!".

— 1.6 —
Direitos civis

Compreenda-se, desde já, que *civil rights* (direitos civis) significa direitos fundamentais. A começar por Ruy Barbosa (1932), é inegável a influência do direito constitucional dos Estados Unidos no direito constitucional brasileiro, isso pelas mãos do próprio Ruy Barbosa a partir de 1889 (Proclamação da República). De certo modo, o fato de os brasileiros usarem as palavras conjugadas *direitos individuais* significando direitos fundamentais é influência dos Estados Unidos, com a seguinte diferença: nos Estados Unidos, de fato, as dez emendas só prescrevem direitos individuais, ou seja, liberdades... Repita-se: liberdades!

Logo, mais uma vez, tanto a técnica constitucional brasileira (do Poder Constituinte) quanto a doutrina e a jurisprudência, ao escreverem direitos individuais abarcando todos os direitos fundamentais, cometem mais um erro: copiam os Estados Unidos, mas fazem-no de forma errada. Isso porque os Estados Unidos não prescrevem a observância de direitos sociais na Constituição de 1787, ao passo que a inteligência do inciso IV do parágrafo 4º do art. 60 da Constituição da República, quando menciona direitos individuais, na realidade quer dizer direitos individuais mais direitos sociais, enfim: direitos fundamentais como um todo.

Para os norte-americanos, direitos civis são os direitos humanos inseridos na Carta Magna dos Estados Unidos nas dez primeiras emendas propostas por James Madison e aprovadas no Primeiro Congresso (1789) (Hamilton; Jay; Madison, 2014). O conjunto de direitos fundamentais (direitos civis) constantes nas dez primeiras emendas à Constituição dos Estados Unidos é conhecido pela alcunha *Bill of Rights* (Estados Unidos, 2021c), mas há outros direitos civis constantes em outras emendas (vide, por exemplo, a Emenda XIX).

É importante informar que a Constituição mais antiga do mundo moderno (a dos Estados Unidos, desde 1787) só contém 27 emendas, ao passo que a mais prolífera e analítica do mundo (a brasileira) já foi modificada 107 vezes até os tempos atuais. Esse fator demonstra a estabilidade dos norte-americanos e a frágil instabilidade dos brasileiros quanto aos respectivos regimes constitucionais.

Pelas mesmas razões que limitam as palavras conjugadas *direitos individuais* como significantes de direitos fundamentais, também devemos ler com reservas as palavras conjugadas *direitos civis*; estas quereriam dizer direitos fundamentais, mas tenhamos cuidado! Eis que, entre os *civil rights* norte-americanos, não se encontra sequer um direito fundamental social (tal como a saúde pública, por exemplo). Nisso percebemos, repetidamente e mais, que o Brasil é influenciado pelos Estados Unidos e pela Europa; entretanto, no Brasil, os constituintes, legisladores, juízes e professores primam pela pura e simples importação de institutos jurídicos sem a observância da história e da realidade geopolítica de cada país. Portanto, tampouco o uso das palavras conjugadas *direitos civis* está correto aqui no país em que ora publicamos este livro, a não ser que se façam as muitas observações e reservas que estão a ser cientificamente demonstradas.

— 1.7 —
Simplesmente "direitos"

No parágrafo 2º do art. 5º da Carta Magna brasileira de 1988, a palavra pluralizada *direitos* está sozinha, desacompanhada de "fundamentais" ou de "humanos", por exemplo. A primeira pista de que os tais direitos são direitos fundamentais é a do parágrafo 1º, em que surge o trecho "direitos e garantias fundamentais" (Brasil, 1988); a segunda pista é o "Título II", no qual se inserem o art. 5º e seus incisos e parágrafos. Logo, os direitos significam, sem qualquer problemática semântica, de fato, direitos fundamentais. Não fosse por isso, Bobbio (2004) já usava a palavra isolada *direitos* se referindo, na realidade, à era dos direitos fundamentais, e a doutrina de Bobbio é de absoluta importância para a ciência do direito do Brasil.

Síntese

Os operadores do direito podem considerar existente de fato o fenômeno linguístico da sinonímia para as expressões constantes neste capítulo. Contudo, os meandros históricos, políticos e jurídicos devem ser levados em conta para a boa compreensão dos direitos.

Capítulo 2

*Os perigos da desestruturação
do direito constitucional
e da perda da fundamentalidade
dos direitos em razão
dos modismos fundamentalistas
e dos "novos direitos"*

Os direitos fundamentais embasaram-se sucessivamente em gerações positivadoras que surgiram uma após a outra. Foram distintas dimensões de conquistas. Primeiro, as liberdades, pois isso era próprio do liberalismo; depois, as coletividades, que marcam os direitos sociais, uma vez que eram próprias das sociais-democracias e do Estado Social de Direito (países da Escandinávia); em seguida, para completar o trilema da Revolução Francesa, a fraternidade (solidariedade), com a previsão de direitos como os socioeconômicos e os referentes ao meio ambiente; passaram-se os tempos e veio a quarta geração, a dos instrumentos jurídicos para o exercício da democracia direta; após isso, uma quinta geração, a paz; por fim, a água e a felicidade como direitos fundamentais de sexta ou sétima gerações – nesse ponto, a doutrina brasileira já está completamente perdida.

No meio disso tudo, a dignidade da pessoa humana passou a receber um hiperdimensionamento, a ponto de todos os demais direitos fundamentais terem, obrigatoriamente, de ser interpretados como válidos se e somente se observantes da dignidade da pessoa humana, preponderância esta que pode causar (e tem promovido, de fato) sérias consequências na prática interpretativa dos juízes em julgamentos e atos administrativos como os apontados a seguir em nota de rodapé[1], os quais fogem da primeira interpretação possível e devida: a gramatical (ou literal).

---

1 BRASIL. Conselho Nacional de Justiça (CNJ). Resolução n. 175, de 14 de maio de 2013. Disponível em: <https://atos.cnj.jus.br/files/resolucao_175_14052013_16052013105518.pdf>. Acesso em: 19 abr. 2021; BRASIL. Supremo Tribunal Federal. ADPF n. 54/DF, Rel. Min. Marco Aurélio. Diário de Justiça Eletrônico, 12 abr. 2012. Disponível em: <http://redir.stf.jus.br/paginadorpub/paginador.jsp?docTP=TP&docID=3707334>. Acesso em: 19 abr. 2021; BRASIL. Supremo Tribunal Federal. ADPF n. 635/RJ, Rel. Min. Edson Fachin. **Diário de Justiça Eletrônico**, 5 jun. 2020. Disponível em: <https://portal.stf.jus.br/noticias/verNoticiaDetalhe.asp?idConteudo=448994&ori=1>. Acesso em: 19 mar. 2021.

Se forem consultados todos os autores norte-americanos citados aqui neste livro, perceberemos que nenhum deles fala em *gerações* de direitos fundamentais. Eles dizem o seguinte, e de um modo direto e simples, próprio do pragmatismo dos americanos do norte: os *civil rights* ou são de fruição individual ou coletiva. Nada mais! De fato, os autores dos Estados Unidos têm razão e se apoiam nas dez emendas[2] que fazem parte da Constituição de 1787[3]. Ressaltamos que, no caso dos Estados Unidos propriamente ditos, a chamada Bill *of Rights* marca-se pelo individualismo liberal, exclusivamente. Ora, é evidente que os norte-americanos deviam garantir direitos sociais em sua Carta e em seu ordenamento jurídico infraconstitucional.

O ponto de partida para que se saiba o que é ou deixa de ser um direito fundamental são os quatro módulos de direitos humanos já apresentados no capítulo anterior. Deles decorrem inúmeros outros direitos fundamentais. Todavia, não podemos transformar em fundamental uma questão qualquer que nem se configura como direito simples, quanto mais como um direito fundamental, sobretudo se despreza a letra da Carta Magna e se desvirtua a primeira interpretação, que deve levar em conta justamente a letra da norma posta. Isso se agrava em época de Judiciário ativista. Tais anomalias são bem próprias de um país

---

2   Ver nota ao final deste capítulo.

3   A Constituição norte-americana, marco supremo da história do direito constitucional em todo o mundo, tem, ao todo, 27 emendas. As dez primeiras constituem a chamada Carta de Direitos (*Bill of Rights*), conforme mencionamos. Todavia, a lista de direitos civis não se encerra nas dez primeiras emendas. Por exemplo, foi por meio da Emenda 19 que a mulher conseguiu o direito de voto.

em que, apesar dos governos "populares" do passado recente, mais de 50% das casas ainda continuam desprovidas de saneamento básico (isso sim é um direito fundamental social).

Notamos, então, que se está a desestruturar o direito constitucional dos direitos fundamentais no Brasil, pelas razões recém-expostas, e isso se deve a um Executivo atabalhoado, a um Legislativo ineficiente, a um Judiciário sobremaneira ativista e a uma doutrina "aparelhada" politicamente.

A propósito, Pagliarini e Fernandes (2019) já apontaram três razões que provam que, de fato, o egrégio STF tem agido fora dos parâmetros constitucionais previstos formalmente para a atuação do terceiro Poder, *data máxima venia*. As três razões são: (i) a pauta de julgamentos é marcada pelo presidente da Corte, consultado o relator de dado(s) processo(s); logo, não há pauta preestabelecida; (ii) a possibilidade de os ministros – cada um deles – deferirem liminares sem a necessidade de fundamentação, o que faz Francisco Rezek (2019, p. 16) identificar o Supremo atual como um "arquipélago de onze monocracias"; (iii) a possibilidade de cada ministro pedir vista de um processo por tempo indeterminado.

Por fim, a desestruturação da segurança jurídica que vem sendo imposta pelo Supremo e pela doutrina "progressista" (leia-se, antipositivista) impõe-se por conta do que tem sido alcunhado de "novos direitos". Daí, perguntamos: Quais são os novos direitos e em qual elenco de normas gerais e abstratas eles estão previstos? Trata-se de construções doutrinárias e jurisprudenciais que partem, sobretudo, dos princípios e daquilo que, em tese, Ronald Dworkin (2019) teria lecionado e defendido.

Exemplos desses novos direitos já foram demonstrados. Acreditamos que a confusão posta pela doutrina e pela jurisprudência reflete o pouco caso que se fez, nas décadas após a promulgação da atual Carta, do estudo de teoria geral da norma jurídica no Brasil. Aqui, pouco se entende de positivismo jurídico, de segurança jurídica, de Legislativo (como criador da norma geral e abstrata) nem dos dois outros poderes (como criadores das normas individuais e concretas de acordo com as normas gerais e abstratas). Em direito constitucional, não se pode aplicar normas-princípio em detrimento de normas-regra; o certo é a conjugação de uma e de outra, a fim de que se aplique a regra constitucional segundo o princípio constitucional (Bastos, 2010).

— 2.1 —
A semântica do constitucionalismo, do neoconstitucionalismo e de outros "ismos"

De acordo com o Dicionário Priberam da Língua Portuguesa (DPLP), *constitucionalismo* é um substantivo masculino que significa "doutrina ou partido constitucional" (Constitucionalismo, 2021).

Chamamos a atenção do leitor para as várias possibilidades de significado de *constitucionalismo*. A visualização ficará mais simplificada na forma de verbetes de dicionários, acompanhados de números, linha após linha:

- **Constitucionalismo 1**: direito constitucional. Apesar de ser possível e corriqueiro se entender constitucionalismo como significante de direito constitucional, deve-se evitar o uso de *constitucionalismo* caso se queira referir ao conjunto de normas postas em uma Constituição, caso em que ter-se-á o direito constitucional, e não o confuso constitucionalismo. O direito tem uma linguagem prescritiva porquanto é formado por normas jurídicas que se comunicam pelas linguagens da obrigação (O), da vedação (V) e da permissão (P). Todavia, a doutrina[4] brasileira contemporânea menciona constitucionalismo querendo significar direito constitucional, e com isso não podemos concordar, pelas razões expostas.
- **Constitucionalismo 2**: ciência do direito constitucional. Apesar de se usar corriqueiramente a palavra *constitucionalismo* com o significado de ciência do direito constitucional, deve ser evitado o uso de *constitucionalismo* caso se queira referir ao que fazem os escritores, os pesquisadores, os professores. Perguntamos: O que fazem eles? Eles descrevem o direito constitucional, isto é, não fazem as normas

---

4   Nesse sentido, o ministro e professor Barroso, do Supremo Tribunal Federal (STF), tem vasta lista de seguidores. Dois marcos desse pensamento são: BARROSO, L. R. **Contramajoritário, representativo e ilumista**: os papéis das cortes constitucionais nas democracias contemporâneas. Disponível em: <https://www.conjur.com.br/dl/notas-palestra-luis-robertobarroso.pdf>. Acesso em: 19 abr. 2021; BARROSO, L. R. **Curso de direito constitucional contemporâneo**: os conceitos fundamentais e a construção do novo modelo. 5. ed. São Paulo: Saraiva, 2016.

de direito constitucional. Logo, quem descreve faz ciência. Quem prescreve é a norma! Ciência do direito constitucional é todo e qualquer livro e/ou aula de direito constitucional em que o pesquisador ou o professor descreve o universo de normas constitucionais a que se refere sua aula, seu livro ou artigo científico; a linguagem científica é sempre descritiva, em qualquer área do saber humano. Todavia, a doutrina[5] brasileira contemporânea menciona constitucionalismo querendo significar ciência do direito constitucional, e com isso não podemos concordar, pelas razões expostas.

- **Constitucionalismo 3**: história do direito constitucional. Apesar de se fazer uso corriqueiro de *constitucionalismo* significando história do direito constitucional, tal uso deve ser evitado caso se queira referir aos dados históricos do direito constitucional, ou seja, se se quer descrever a estruturação de dado espaço político e/ou se se quer descrever as normas de direitos fundamentais desse mesmo espaço político. Todavia, a doutrina[6] brasileira contemporânea menciona *constitucionalismo* querendo significar história do direito constitucional, e com isso não podemos concordar, pelas razões expostas.
- **Constitucionalismo 4**: política. Sim, assim os doutrinadores[7] também entendem. Ocorre que é melhor não se usar

---

5 Idem nota anterior.
6 Idem nota anterior.
7 Idem nota anterior.

constitucionalismo se se quer referir à política partidária, à tripartição dos poderes, ao Judiciário mais ativo (do que já é) ou, menos ainda, ao *impeachment* de um presidente da República. Isso é assunto para os detentores do Poder Constituinte originário e do derivado. Aos cientistas do direito, soa estranho e confuso falar em constitucionalismo se o assunto de fundo é a política, discurso que é totalmente aceitável se sair da boca de um cientista político, não de um jurista.

- **Síntese**: o que mencionamos nos quatro itens anteriores pode ser sintetizado do seguinte modo: tem-se utilizado a expressão *constitucionalismo* para se expressar discursos sobre: as normas de direito constitucional, e aí se tem o direito constitucional propriamente dito; a ciência do direito constitucional, em sua capacidade descritiva do universo constitucional normativo; a história do direito constitucional, mas nesse caso é melhor falar em história, e não se usar, de forma tão nebulosa, a mesma palavra que significa tantos universos distintos; por fim, constitucionalismo significa, também, política. Ora, em resumo: não é que o uso tão aberto da palavra *constitucionalismo* seja errado, não é isso! O problema é a falta de correção no uso da própria língua portuguesa! Se o utente do idioma pode dizer *carro* (simplesmente *carro*!), é muito melhor do que usar a expressão genérica *veículo*, isso porque, por exemplo, no campo da teologia, dizem que Jesus, por ser inteiramente Deus e inteiramente homem, é o único intercessor junto a Deus-Pai pelos homens, caso em que Jesus será o veículo que levará ao Eterno. Pelo exposto, recomendamos a ligação do sinal de alerta ao se dizer ou ao se escrever *constitucionalismo*; o autoquestionamento deve nortear humildemente a cabeça do dono do discurso, neste sentido: "Sobre qual dos vários constitucionalismos eu estou falando?".

Pedimos *venia* aos distintos juristas aqui criticados.

A palavra *neoconstitucionalismo* também é um neologismo, e está na moda usá-la. Entretanto, nem seus utentes preferenciais sabem direito a que estão a se referir quando a usam. Há vários significados possíveis:

- **Neoconstitucionalismo 1**: trata-se da prática de se interpretar as normas infraconstitucionais segundo as constitucionais. Vê-se nisso uma questão de hierarquia já percebida por Kelsen (2009) em sua concepção de escalonamento das normas jurídicas. Logo, de novo (*neo*) o tal constitucionalismo não tem nada, pois dele o austríaco falava desde 1911, quando começou a lecionar na Faculdade de Direito da Universidade de Viena pelas mãos do Reitor Edmund Bernatzik, o avô de Otto Pfersmann (2014), professor a quem recorremos para a escrita deste livro – Pfersmann, grande ícone mundial da atual Escola Positivista do Direito a partir da Universidade Sorbonne, em Paris.

Não há dúvida de que a ciência do direito constitucional brasileira ganhou importância após a promulgação da Carta de 1988, pois, antes dela, o Brasil passou, de fato, por hiatos democráticos e crises de ausência de direitos fundamentais.

Contudo, após a Constituição de 1988, passou-se a propagar, com ares de ineditismo, que, por exemplo, devia-se interpretar o direito civil segundo o direito constitucional, mas, em termos de estudo sistemático, sempre se soube que as normas de direito civil e todas as demais normas infraconstitucionais, justamente por serem [**infra**]constitucionais (infra = abaixo de, menor que), sempre deveram ser interpretadas segundo as que lhe são superiores, e a Constituição sempre fechou o sistema lá do alto da pirâmide em todos os países de Constituição rígida. Lecionaram isso desde tempos de outrora os professores anciãos de direito constitucional, não tendo fugido de tal posicionamento (que é tão inerente ao direito constitucional das cartas rígidas) a notável Escola Mineira de Direito Constitucional, a exemplo de Francisco Campos (2001), Afonso Arinos de Melo Franco (2018) e Orlando Magalhães Carvalho (1951) e o mais importante civilista de Minas Gerais e do Brasil, o Professor Caio Mário da Silva Pereira (2020). Eis, então, o primeiro significado de neoconstitucionalismo.

- **Neoconstitucionalismo 2**: os "novos direitos" compõem a segunda acepção da expressão. Eles têm sobretudo sido deferidos pelo STF e pelo Conselho Nacional de Justiça (CNJ) (Brasil, 2013) em julgamentos nos quais foram aplicadas interpretações que possibilitaram o casamento entre pessoas do mesmo sexo, o aborto de feto anencéfalo, a pesquisa com embriões humanos (células-tronco embrionárias), a proibição de a polícia carioca subir nos morros do Rio de Janeiro para cumprir operações durante a pandemia de covid-19[18], entre outros.[19]

- **Neoconstitucionalismo 3**: dá-se ao neoconstitucionalismo também o sentido de direito constitucional internacional, e, por isso, deve-se entendê-lo como o conjunto de normas jurídicas que (i) estruturam a Cosmópolis (Comunidade Internacional), sendo que (ii) a Cosmópolis define direitos fundamentais e lhes dá instrumentos de garantia. Melhor usar *direito constitucional* internacional a insistir no uso da vaga expressão *neoconstitucionalismo*, que quer dizer tantas coisas ao mesmo tempo.

- **Neoconstitucionalismo 4**: política constitucional, e mais: política constitucional de "progressista". Este seria um quarto significado de neoconstitucionalismo, de cunho ideológico e de modo algum aberto ao diálogo. De tão tendencioso e por ser, inclusive, partidário, não se encontram autores da cientificidade de Jorge Miranda (2016) engrossando as fileiras de tal doutrina. Mas saiba o leitor deste livro que o

---

8   É permitido cometer crimes nos morros cariocas durante a pandemia?
9   BRASIL. Conselho Nacional de Justiça (CNJ). Resolução n. 175, de 14 de maio de 2013. Disponível em: <https://atos.cnj.jus.br/files/resolucao_175_14052013_16052013105518.pdf>. Acesso em: 19 abr. 2021; BRASIL. Supremo Tribunal Federal. ADPF n. 54/DF, Rel. Min. Marco Aurélio. **Diário de Justiça Eletrônico**, 12 abr. 2012. Disponível em: <http://redir.stf.jus.br/paginadorpub/paginador.jsp?docTP=TP&docID=3707334>. Acesso em: 19 abr. 2021; BRASIL. Supremo Tribunal Federal. ADPF n. 635/RJ, Rel. Min. Edson Fachin. **Diário de Justiça Eletrônico**, 5 jun. 2020. Disponível em: <https://portal.stf.jus.br/noticias/verNoticiaDetalhe.asp?idConteudo=448994&ori=1>. Acesso em: 19 abr. 2021.

que aqui relatamos também representa um significado de neoconstitucionalismo.

- **Outros "ismos"**: o perigo no uso de *constitucionalismo* e de *neoconstitucionalismo* foi explicado; está alertado o leitor; cuidado! Mas não são só esses dois "**ismos**" os merecedores de atenção. Todos os "**ismos**" representam, ao fim e ao cabo, mod**ismos**, e por isso estão fadados ao fracasso e/ou ao desuso, a não ser que, de fato, tenham condições de, com vida e liberdade, apegar-se à longevidade das verdadeiras instituições humanas. É por essa razão que se protraem no tempo, em importância, o cristianismo, o judaísmo, o liberalismo, e é pela mesma razão que caducaram o comunismo, o nazismo, o fascismo, conforme ensinamento de Fulton Sheen (2019).

NOTA (2): ESTADOS UNIDOS. **The Constitution of the United States**. Disponível em: <https://www.whitehouse.gov/about-the-white-house/our-government/the-constitution/>. Acesso em: 19 abr. 2021. Em português, as dez emendas de direitos fundamentais são as que seguem: Emendas acrescentadas à Constituição dos Estados Unidos, ou que a emendam, propostas pelo Congresso e ratificadas pelas Legislaturas dos vários Estados, de acordo com o art. 5º da Constituição original. "**EMENDA I** – O Congresso não legislará no sentido de estabelecer uma religião, ou proibindo o livre exercício dos cultos, ou cerceando a liberdade de palavra ou de imprensa, ou o direito do povo de se reunir pacificamente e de dirigir ao governo petições para a reparação de seus agravos. **EMENDA II** – Sendo necessária à segurança de um Estado livre a existência de uma milícia bem organizada, o direito do povo de possuir e usar armas não poderá ser impedido. **EMENDA III** – Nenhum soldado poderá, em tempo de paz, instalar-se em um imóvel sem autorização do proprietário, nem em tempo de guerra, senão na forma a ser prescrita em lei. **EMENDA IV** – O direito do povo à inviolabilidade de suas pessoas, casas, papéis e haveres contra busca e apreensão arbitrárias não poderá ser infringido; e nenhum mandado será expedido a não ser mediante indícios de culpabilidade confirmados por juramento ou declaração, e particularmente com a descrição do local da busca e a indicação das pessoas ou coisas a serem apreendidas. **EMENDA V** – Ninguém será detido para responder por crime capital, ou outro crime infamante, salvo por denúncia ou acusação perante um Grande Júri, exceto em se tratando de casos que, em tempo de guerra ou de perigo público, ocorram nas forças de terra ou mar, ou na milícia, durante serviço ativo; ninguém poderá pelo mesmo crime ser duas vezes ameaçado em sua vida ou saúde; nem ser obrigado em qualquer processo criminal a servir de testemunha contra si mesmo; nem ser privado da vida, liberdade, ou bens, sem processo legal; nem a propriedade privada poderá ser expropriada para uso público, sem justa indenização. **EMENDA VI** – Em todos os processos criminais, o acusado terá direito a um julgamento rápido e público, por um júri imparcial do Estado e distrito onde o crime houver sido cometido, distrito esse que será previamente estabelecido por lei, e de ser informado sobre a natureza e a causa da acusação; de ser acareado com as testemunhas de acusação; de fazer comparecer por meios legais testemunhas da defesa, e de ser defendido por um advogado. **EMENDA VII** – Nos processos de direito consuetudinário, quando o valor da causa exceder vinte dólares, será garantido o direito de julgamento por júri, cuja decisão não poderá ser revista por qualquer tribunal dos Estados Unidos senão de acordo com as regras do direito costumeiro. **EMENDA VIII** – Não poderão ser exigidas fianças exageradas, nem impostas multas excessivas ou penas cruéis ou incomuns. **EMENDA IX** – A enumeração de certos direitos na Constituição não poderá ser interpretada como negando ou coibindo outros direitos inerentes ao povo. **EMENDA X** – Os poderes não delegados aos Estados Unidos pela Constituição, nem por ela negados aos Estados, são reservados aos Estados ou ao povo" (Estados Unidos, 1787).

Capítulo 3

Um pouco de história

Documentos normativos apartados, definidores de direitos fundamentais, foram positivados entre os reinos que vieram a fazer parte daquela Espanha que, depois, em 1492, unificou-se sob o reinado de Isabel e Fernando. Tais normas de direitos humanos são dignas de nota (Ferreira Filho, 2016) porque, antes delas, o que se via era a seguinte sequência: (i) a de que, entre os gentílicos, não teria existido poder algum; (ii) então, apareceu um sistema de apropriação privada; (iii) daí o Estado[1] surgiu para fazer valer a propriedade privada (Silva, 2007). Desse modo, o que passou a ser assecuratório de qualquer liberdade ou da igualdade então pôde ser considerado como norma de direito fundamental. Logo, os pactos, os florais e as franquias advieram para positivar direitos individuais em León e Castela (1188), Aragão (1265) e Viscaia (1526).

Se falarmos em termos de continuidade e perenidade, o que fez o Reino Unido – e até hoje continua a fazer – não tem precedentes nem comparação. O universo britânico de direitos fundamentais deve receber um corte à parte[2] neste livro, a partir do parágrafo que segue. Acompanhem, leitores, então, a sequência dos ingleses – e dos britânicos em geral.

---

1   Esta sequência (de i a iii), de José Afonso da Silva (2007), merecedora de respeito e admiração pelo brilhantismo do professor, aproxima-se, porém, de uma cultura marxista do direito e da economia. Se assim fosse, não teria havido, antes do que relatou José Afonso, o Estado romano, durante todos os seus muitos séculos de existência, como máquina garantidora da propriedade privada. Contudo, apesar de não concordarmos aqui com essa ideologia, relatamos o pensamento e a sequência histórica dos escritos do professor José Afonso.

2   Também merecerão seus espaços os direitos fundamentais dos Estados Unidos, da França, do bloco socialista, bem como a universalização dos direitos e a situação dos direitos humanos nas Constituições da contemporaneidade.

A Inglaterra

Em termos de direitos humanos, a Magna Carta inglesa, de 1215, do Rei João Sem Terra, entre outras disposições, criou o *habeas corpus* e instituiu o Tribunal do Júri e o Conselho do Reino (formado pelos barões que o forçaram a assinar a Magna Carta); tal Conselho foi o ponto inicial do que veio a ser, mais tarde, a primeira Casa do Parlamento britânico, a Câmara Alta ou *House of Lords* (Casa dos Lordes). Mais adiante, logo após a Revolução Gloriosa, adveio a *Bill of Rights* (Carta de Direitos), de 1689, sendo esta um marco do direito constitucional costumeiro (consuetudinário) da Inglaterra, apesar de não ser universalista como a Declaração Francesa de 1789. Foi a *Bill of Rights* que fixou certos direitos fundamentais, ao mesmo tempo em que limitou os poderes do monarca, regrou os direitos do Parlamento, estabeleceu as eleições livres (direitos políticos, democracia indireta moderna), a liberdade de expressão dos eleitos pelo povo, a proibição contra punições cruéis ou que não estivessem determinadas em lei prévia, o direito de não serem os cidadãos ingleses taxados sem lei prévia aprovada pelo Parlamento etc. Tais garantias eram fruto do pensamento político de John Locke (1980), muito popular na Inglaterra no final do século XVII.

Destacamos que o conjunto constitucional britânico de direitos humanos é composto por três grandes pilares: (i) a já referida Magna Carta (de 1215); (ii) a *Petition of Right* (Carta ou Petição de Direito, de 1628); e (iii) a mais abrangente *Bill of Rights*. Juntam-se a esses o *Habeas Corpus Act* (de 1679), o *Act of Settlement* (de 1701) e os mais recentes *Parliament Acts* (de 1911 e de 1949), o que se conhece por Constituição não codificada britânica.

Norma jurídica similar, mas separada, aplica-se ao direito da Escócia, a chamada *Claim of Right Act* (de 1689). A *Bill of Rights* britânica (de 1689) foi um dos modelos para a homônima norte-americana (as dez emendas, de 1789), tendo sido influência para a Declaração Universal da Organização das Nações Unidas (de 1948) e para a Convenção Europeia de Direitos Humanos (de 1950). Considerando esses dois últimos casos, devemos lembrar que a Declaração Francesa (de 1789) é marco histórico de crucial importância, dado o fato de ter sido aprovada com a Tomada da Bastilha (Revolução Francesa), e tal Declaração se mostra ao mundo como um documento normativo de linguagem e pretensões universalistas. O conjunto britânico de normas de direitos fundamentais (Inglaterra, Reino Unido e as antigas colônias) vale em todos os países-membros da comunidade britânica denominada Commonwealth Realms, que engloba 54 Estados-membros, tais como Austrália, Canadá e Nova Zelândia, união esta confirmada e aprimorada pelo Acordo de Perth (de 2011), em vigor desde 2015.

Os Estados Unidos

Era 1620. Chegou em Massachusetts uma embarcação com 102 ocupantes: o Navio Mayflower. Uma comissão representativa de seus ocupantes fez valer o ato normativo chamado *Mayflower Compact* (Estados Unidos, 2021a), cuja escrita é creditada a William Brewster. Esse documento continha um conjunto de regras de governo autônomo estabelecidas pelos colonos ingleses para a convivência no Novo Mundo. O *Mayflower Compact* foi importante porque se tratava do primeiro documento normativo a estabelecer o autogoverno nas Américas, e os responsáveis por esse autogoverno eram, de início, os próprios ocupantes do navio, e isso foi uma centelha que apontava que, mais tarde, os norte-americanos se tornariam a primeira democracia do mundo moderno, sendo, até hoje, a maior.

Perceba, então, que podemos apontar a democracia como uma das primeiras liberdades: a liberdade política. Logo, a democracia passou a ser um direito fundamental na história fabulosa dos Estados Unidos e de todo o Ocidente, sendo de se lamentar quando qualquer regime fuja da possibilidade de se exercer a liberdade política pelo povo. Não à toa, a Constituição dos Estados Unidos começa pelo Preâmbulo contendo a seguinte frase: "*We the people*", o que significa "Nós, o povo" (Estados Unidos, 2021b).

Antes da formação confederativa dos Estados Unidos – que, até o advento das dez primeiras emendas de direitos fundamentais, era uma Carta Política estruturadora do Estado norte-americano –, algumas Cartas de Direitos e Liberdades foram promulgadas pelas colônias. Entre elas, podemos citar: *Charter of New England* (de 1620), *Charter of Massachusetts Bay* (de 1629), *Charter of Maryland* (de 1632), *Charter of Connecticut* (de 1662), *Charter of Rhode Island* (de 1663), *Charter of Carolina* (de 1663), *Charter of Georgia* (de 1732), *Massachusetts Body of Liberties* (de 1641), *New York Charter of Liberties* (de 1683), *Pennsylvania Charter of Privileges* (de 1701).

Tamanho protagonismo no campo desenvolvimentista dos direitos fundamentais (individuais!) fez com que os Estados Unidos naturalmente avançassem para a Declaração de Direitos do Bom Povo da Virgínia (de 1776) e para a própria Constituição dos Estados Unidos (de 1787), ambas sob a influência decisiva de Thomas Jefferson, John Adams, James Madison, Benjamin Franklin, George Mason – entre os norte-americanos – e, entre os europeus, a influência veio de John Locke (Inglaterra), Jean-Jacques Rousseau (França e Suíça) e Barão de Montesquieu (França). Na Constituição dos Estados Unidos, foram dez as emendas que primeiro prescreveram a observância de dados direitos fundamentais, todas escritas por Jefferson e Madison.

A França

Os iluministas[3], os enciclopedistas e os revolucionários franceses já vinham preparando o mundo ocidental para as novidades da liberdade, da igualdade e da fraternidade. A França era, então, o mais influente Estado nacional do mundo, e seus intelectuais, os mais celebrados. Logo, não é certo, apoiando-se em questões cronológicas, dizer que os norte-americanos influenciaram decisivamente a França para que esta "só em 1789" adotasse, em Assembleia Nacional Constituinte (de 27 de agosto de 1789), aquela que é a mais famosa normativa global de direitos fundamentais, intitulada oficialmente de Declaração dos Direitos do Homem e do Cidadão. Aliás, sobre um influenciar

---

3 Montesquieu, Rousseau, Diderot, D'Alembert, Voltaire, entre outros.

o outro, é óbvio que havia uma boa relação entre os liberais franceses e os *founding fathers*[4]. Nesse sentido – e poucos dos nossos "constitucionalistas" dão a atenção devida ao nosso Brasil, o que é uma vergonha! –, os inconfidentes mineiros também liam os liberais franceses e a Constituição dos Estados Unidos, e isso se comprova em Ouro Preto, no Museu da Inconfidência (Werneck, 2014), sabendo-se que o próprio Tiradentes (Joaquim José da Silva Xavier) guardava consigo um exemplar clandestino da Constituição dos Estados Unidos, preservado até hoje no referido museu. O triângulo da influência entre França, Estados Unidos e Brasil foi objeto dos mais apurados estudos levados a cabo pelo grande historiador Kenneth Maxwell (2013).

A França guarda consigo a peculiaridade de ter seguido rumo oposto ao adotado pelos constituintes norte-americanos. Nos Estados Unidos, primeiro veio a Constituição estruturante da confederação, depois a *Bill of Rights* contendo as emendas dos dez primeiros direitos fundamentais; enquanto isso, a França começou pelos direitos humanos (a Declaração de 1789), só depois tendo positivado a Constituição de 1791 (a qual adotou em seu corpo a Declaração de 1789). Depois disso, foram as próprias (muitas) Constituições francesas que definiram e garantiram direitos fundamentais, ora em maior, ora em menor número, sendo bastante generosa a Constituição em vigor (desde 1958) tanto em direitos individuais quanto em direitos sociais e meio ambiente.

---

4   Os pais fundadores dos Estados Unidos.

A propósito – e já que os "constitucionalistas" brasileiros nada falam da França! –, é bom que o leitor deste livro saiba que tão importante país (a França!) teve as seguintes Constituições, o que revela uma imensa instabilidade constitucional da qual padecem os gauleses; fora a Declaração de Direitos de 1789 (que tem força constitucional), as Constituições são as de: 1791, 1793, 1795, 1799, 1802, 1804, 1814, 1815, 1830, 1848, 1852, 1875 (nesse ano, seguidamente, foram três "leis" constitucionais), 1945, 1946 e 1958 (França, 2021). A considerar que as três "leis" constitucionais de 1875 eram dotadas de supremacia hierárquica, o mesmo raciocínio valendo para a Declaração de 1789, então, de fato, de 1791 até hoje, a França produziu o número incrível de 18 "Documentos Constitucionais", o que provoca inveja até no Brasil, que teve as Constituições de 1824, 1891, 1934, 1937, 1946, 1967[5] e 1988, soma esta que completa o elevado número de sete Cartas Magnas.

---

5 "Essa Constituição foi emendada por sucessiva expedição de Atos Institucionais (AI), que serviram de mecanismos de legitimação e legalização das ações políticas dos militares, dando a eles poderes extra-constitucionais. De 1964 a 1969, foram decretados 17 atos institucionais, regulamentados por 104 atos complementares. Um deles, o AI-5, de 13 de dezembro de 1968, foi um instrumento que deu ao regime poderes absolutos e cuja primeira consequência foi o fechamento do Congresso Nacional por quase um ano e o recesso dos mandatos de senadores, deputados e vereadores, que passaram a receber somente a parte fixa de seus subsídios. Entre outras medidas do AI-5, destacam-se: suspensão de qualquer reunião de cunho político; censura aos meios de comunicação, estendendo-se à música, ao teatro e ao cinema; suspensão do *habeas corpus* para os chamados crimes políticos; decretação do estado de sítio pelo presidente da República em qualquer dos casos previstos na Constituição; e autorização para intervenção em estados e municípios" (Brasil, 2021a). Acrescente-se ao que consta na página do Senado o seguinte: não foi instaurado um Poder Constituinte originário que desse azo ao entendimento de ter nascido, em 1969, uma nova Constituição (a do mesmo ano) durante o regime militar, razão pela qual afirmamos: o Brasil teve sete Constituições.

México, Weimar, União Soviética e bloco socialista

A primeira encíclica papal a tratar de direitos fundamentais (sociais) causou um despertar para a necessidade de se fazer inserir nas Cartas Magnas alguns direitos fundamentais assecuratórios de providências que o Estado deveria protagonizar em prol da coletividade, tais como escolas e hospitais para o maior número possível de pessoas.

Eclodiram, então, as revoluções socialistas e as novas Constituições promulgadas nestes e em outros países (mesmo os democráticos), que se voltaram para a positivação de direitos fundamentais a serem implantados pelo Estado e fruídos pela coletividade como um todo, não só por indivíduos empoderados, tradutores de um Estado que deveria, a partir daí, investir, atuar, fazer-se presente, e não se abster de promover garantias tais como a saúde e a educação públicas e de qualidade, além de cultura e mínimas possibilidades econômicas. Nesse sentido, são paradigmáticas a Constituição do México (de 1917), a Declaração dos Direitos do Povo Trabalhador e Explorado (da União Soviética, de 1918) e a Constituição de Weimar (de 1919).

Os primeiros direitos eram típicos de um Estado abstêmio, que pouco se fazia presente, um Estado do *laisser faire, laisser passer* (ou seja, do deixar fazer, do deixar passar). Já os direitos sociais são característicos de um Estado que não pode abster-se de oferecer condições públicas para que toda a coletividade possa fruir de mínimas condições de saúde e de educação para viver no mundo pós-industrial e posterior ao êxodo rural que influou as cidades e fez aparecer as grandes metrópoles. A partir daí, passou-se a se desenvolver o chamado Estado Social de Direito, o qual não alcançou seu apogeu, de modo algum, na União Soviética, nem na parte comunista da Alemanha dividida (a República Democrática Alemã – popularmente conhecida pelo nome de Alemanha Oriental –, criada em 1949), nem em Cuba nem na China, isso porque esses quatro países adotaram o regime de partido único, ou seja, tornaram-se ditaduras, não sendo certo pensar que o simples fato de um país ser comunista vá garantir ao seu povo o *welfare state* (Estado do bem-estar social). Quem conseguiu, de forma ímpar, implantar direitos sociais sem barganhar com a democracia foram os países da Escandinávia, e o maior exemplo disso é a Suécia de Olof Palm. Registramos, por fim, que todas as democracias do mundo inseriram em suas Constituições os direitos sociais como integrantes das listas de direitos fundamentais; exceção se faz ao direito constitucional dos Estados Unidos, que, nesse exato ponto, deixa a desejar.

Universalização dos direitos

Era 10 de dezembro de 1948. Adotou-se, então, na ONU, em Nova Iorque, a Declaração Universal dos Direitos Humanos (DUDH), aprovada pela Resolução n. 217 A-III, da respectiva Assembleia Geral (ONU, 1948). Por se tratar de uma declaração internacional, obviamente seu universalismo sobressai, característica que, em termos nacionais, a Declaração Francesa de 1789 já havia conseguido, apesar de a França ser um Estado nacional.

Essa qualidade, a do universalismo, não se aplica à Declaração Norte-Americana de 1776 nem à Constituição dos Estados Unidos (de 1787). Na própria ONU, seus países-membros trataram de aprovar acordos internacionais de direitos humanos que, por conta da regra da *pacta sunt servanda*, não podiam ser contestados ou deixados de ser cumpridos, executividade esta que, conforme Francisco Rezek (2018), não existe em uma declaração. Os acordos de direitos humanos da ONU são dois, ambos de 1966: (i) o Pacto Internacional dos Direitos Civis e Políticos (ONU, 1966a); (ii) o Pacto Internacional dos Direitos Econômicos, Sociais e Culturais (ONU, 1966b).

Quando se universalizaram os direitos no âmbito da ONU, e graças às Nações Unidas e aos seus Estados-membros (1948 e 1966), o mundo já conhecia todas as gerações de direitos fundamentais, razão pela qual os pactos da ONU se ocuparam, em bloco, dos direitos individuais e dos direitos sociais. Depois disso, advieram as graves preocupações com o meio ambiente, e o **Brasil foi protagonista delas na Rio Eco-92** – organizada pelo professor e ministro Francisco Rezek enquanto chanceler do Brasil – e no Acordo de Paris (decorrente da realização da COP21, a 21ª Conferência das Partes da Convenção-Quadro das Nações Unidas sobre Mudança do Clima, em dezembro de 2015).

Os contextos regionais (Europa e União Europeia, Américas e África) de positivação de direitos humanos serão expostos mais detalhadamente logo adiante, mas já adiantamos que neles foram criadas estruturas, até mesmo judiciais, para a efetivação das garantias internacionais.

Os direitos fundamentais nas Constituições atuais

Após apresentarmos os direitos fundamentais na história, devemos considerar que aquilo que se chamou de Constituição no passado não era marcado pelos elementos que caracterizam a Constituição moderna, os quais serão analisados a seguir. Logo, não é certo dizer que existiu um direito constitucional da Antiguidade ou dos tempos de Roma ou da Grécia que tenha sido marcado pela longevidade nem pela perenidade, de sorte que isso não significaria dizer constitucionalismo enquanto esse "ismo" pretende representar direito constitucional. Isolados, portanto, foram os documentos normativos de direitos fundamentais produzidos em León e Castela.

O fato é que devemos fazer justiça à Inglaterra, e o curioso é que o Reino Unido nunca teve uma Constituição propriamente dita, que tenha sido promulgada em bloco, por escrito, no dia tal, razão pela qual Orlando Magalhães Carvalho (1943, p. 94), lecionando sobre o direito constitucional consuetudinário inglês, dizia que "não é a Constituição escrita que controla os britânicos, são os britânicos que controlam a Constituição costumeira".

Pelo exposto, devemos ter em mente que, em uma fala hodierna, o certo é que o bloco de positivação em série dos direitos fundamentais é um fenômeno da modernidade. Ora, os direitos fundamentais nasceram com o próprio direito constitucional escrito (moderno) no século XVIII. Antes disso, o que havia eram movimentos efêmeros, declarações e/ou normas jurídicas à parte, que não tiveram substância nem constância, e não se protraíram no tempo nem para merecer um "ismo", exceto pela precocidade do cristianismo naquilo que elevou a mulher, o deficiente e os pobres[6] (Sheen, 2019). Estamos afirmando que a Constituição e os direitos fundamentais são contemporâneos; e lembremos que as normas constitucionais, desde que teve início o direito constitucional moderno (século XVIII), têm cumprido dois papéis, quais sejam: (i) o de estruturar o Estado; (ii) o de definir e garantir direitos fundamentais.

No que se refere ao Poder Constituinte, percebemos, no dedilhar da Carta Política em vigor, que a Constituição brasileira de 1988 não seguiu a boa técnica legislativa da Constituição portuguesa de 1976. Também pudera: o grande ícone desta última foi o constituinte e professor Jorge Miranda, tendo sido por indicação deste que: (i) a primeira parte da Carta lusitana veicula normas de direitos fundamentais e suas garantias processuais, inclusive incorporando ao texto constitucional a Declaração Universal dos Direitos Humanos da ONU, fato único no direito constitucional

---

6   Já se ultrapassou a doutrina da teologia da libertação. Em apertada síntese, ela propagava que a Igreja de Jesus veio para dar pão aos pobres. Tais teólogos erraram porque confundiram o pão material com o Pão espiritual que é o Cristo (Bíblia. São João, 2021d, 6: 35). O Pão espiritual dá a vida eterna; o pão material só mata a fome de comida física. O Pão espiritual alimenta a alma; o material enche a barriga. A diferença é imensa. Não que o catolicismo não se preocupe materialmente com os pobres: é claro que sim, tanto que a Igreja, há mais de 2 mil anos, é a maior instituição de caridade do mundo. Antes disso, todavia, a Igreja é *Corpus* cuja cabeça é o próprio *Christus*, sendo a Ecclesia a responsável por toda a herança do Pão da Vida, e este é espiritual no sentido de se saber que o advento da encarnação do Verbo se deu para a efetivação da libertação do pecado (Sheen, 2019).

comparado; (ii) na segunda parte da Carta, o Estado português é estruturado.

Em vez de adotar a mesma lógica, a Constituição brasileira é espalhafatosa, portanto, os direitos humanos estão presentes em artigos fragmentados por todo o texto (ora aqui, ora acolá), não somente no "Título II"; nela, intercalam-se normas de direitos fundamentais com aquelas que prescrevem como deve ser o Estado brasileiro. É exemplo de norma jurídica de direitos fundamentais o *caput* do art. 5º: "Todos são iguais perante a lei, sem distinção de qualquer natureza, garantindo-se aos brasileiros e aos estrangeiros residentes no País a inviolabilidade do direito à vida, à liberdade, à igualdade, à segurança e à propriedade, nos termos seguintes [...]" (Brasil, 1988). É exemplo de norma de estruturação do Estado esta: "São Poderes da União, independentes e harmônicos entre si, o Legislativo, o Executivo e o Judiciário" (Brasil, 1988).

Iniciado o movimento constitucional, includente dos direitos humanos, no século XVIII, nos dois séculos seguintes se promoveu uma dupla mutação: (i) os direitos fundamentais deixaram de ser positivados em Declarações apartadas e começaram a ser postos diretamente na maioria das Constituições que se promulgavam mundo afora; (ii) em razão de se ter notado que a simples definição de direitos fundamentais não era suficiente para que, de fato, estes se efetivassem, então se tornou usual prever nas próprias Cartas Magnas os instrumentos de garantia dos direitos humanos. No Brasil atual, são garantidoras dos direitos fundamentais certas ações (constitucionais) que são também conhecidas pela alcunha de *remédios constitucionais*; são elas: *habeas data*, mandado de injunção (individual e coletivo), ação popular, mandado de segurança (individual e coletivo), *habeas corpus* e ação civil pública. Notamos, outrossim, que a previsão dos remédios constitucionais consta na Carta Magna porque é ela que tem autoridade para tanto, mas a regulamentação das minúcias de cada ação é assunto de lei ordinária, e não podia ser de outro modo, porque é técnica legislativa a de que a Constituição disponha sobre os grandes assuntos do país e do mundo, cabendo à lei os detalhamentos, as regulamentações, os *modus* e os prazos. As primeiras Constituições a cumprir a dupla função que mencionamos foram a brasileira de 1824 e a belga de 1831.

Na análise das Constituições contemporâneas, José Afonso da Silva (2007) apresenta esta classificação: (i) Constituições liberais: Estados Unidos e Bélgica; (ii) Constituições liberais com reconhecimento de direitos sociais: Brasil, Itália, França, Suécia e outras; (iii) Constituições transformistas: que prometem alguma situação de transição para um socialismo democrático e pluralista, como Portugal e Espanha (de 1976 e de 1978, respectivamente); (iv) Constituições socialistas: típicas dos regimes autoritários de Cuba, China e Coreia do Norte, países em que se veem previstos e implantados, bem ou mal, alguns direitos sociais por conta de primarem pela igualdade desprezada pelos liberais; (v) Constituições ditatórias: as que desprezam completamente os direitos das pessoas ou que, para a fruição dos poucos previstos, impõem toda espécie de empecilho, como as de Camboja, Cingapura, Egito, Etiópia, Irã e Arábia Saudita.

Os direitos fundamentais nas Constituições brasileiras

Não nos deteremos a pormenores acerca da positivação de direitos fundamentais nas sete Constituições do Brasil, caso contrário, este livro, que pretende ser um erudito manual dos direitos e das garantias fundamentais, tornar-se-á um tratado, e não é essa a proposta editorial aqui publicada.

Iniciamos pela afirmação de que todas as sete Constituições do Brasil subjetivaram e positivaram declarações de direitos, e disso o Brasil há de se orgulhar, apesar dos inúmeros períodos de obscurantismo que assolaram a história pátria em termos de democracia e de real fruição de direitos humanos.

Ao menos no que se refere aos direitos individuais, a Constituição do Império, de 1824, já os consignava. As nomenclaturas usadas pelo constituinte imperial foram: "Das Disposições Geraes, e Garantias dos Direitos Civis, e Políticos dos Cidadãos Brazileiros" (Brasil, 1824). O art. 179 era voltado ao assunto das liberdades e continha 35 incisos. Os estrangeiros podiam gozar de direitos e garantias em território pátrio. Logo, podemos concluir que o imperador Dom Pedro I foi um estadista liberal e observante dos direitos.

A Carta de 1891, a primeira republicana, influenciada por Ruy Barbosa, dedicou aos direitos humanos a Seção II do Título IV, com a Declaração de Direitos assegurados aos brasileiros e aos estrangeiros, tais como liberdade, segurança e propriedade (Brasil, 1891). Eram voltados aos direitos fundamentais os seguintes dispositivos normativos: art. 72 e seus 31 parágrafos; mais os arts. 73 a 78, não tendo sido a enumeração exaustiva.

A primeira Constituição a prever em seu texto um número de direitos sociais foi a de 1934, que, como as que a sucederam (menos a de 1937, que era ditatorial), prescreveu um título especialíssimo para a Declaração de Direitos, não mais só os individuais, mas também os sociais e econômicos (Brasil, 1934).

A Carta do Estado Novo, de 1937, saída da pena de Francisco Campos e ditada pelos anseios mais populistas da fase totalmente ditatorial de Getúlio Vargas, simplesmente desrespeitou integralmente os direitos do homem, em especial os políticos (Brasil, 1937).

Voltando-se o Brasil à normalidade democrática, promulgou-se a Constituição de 1946 (Brasil, 1946), votada em uma Assembleia Nacional Constituinte plural, de que participaram os liberais, os conservadores, os cafés-com-leite[7] e os comunistas espalhados sobretudo pelos partidos PSD, UDN, PCB e PTB (Braga, 1998). O Título IV dessa Carta continha a Declaração de Direitos dividida em dois capítulos: (i) um dedicado à nacionalidade e à cidadania; (ii) outro dedicado aos direitos e às garantias individuais.

---

7   Os mineiros e os paulistas da República do Café com Leite.

Aparecem na Carta de 1946, assim como na de 1967 (Brasil, 1967, art. 151) e na Emenda Constitucional de 1969 (Brasil, 1969a, art. 153), enunciados similares, com a previsão de assegurar os direitos à vida, à liberdade, à segurança individual e à propriedade. Dois títulos chamam a atenção na Constituição de 1967: (i) um sobre a ordem econômica; (ii) outro sobre a família, a educação e a cultura.

O Brasil de 1988, nem na Constituinte que promulgou a Constituição em vigor, fez a divisão das normas constitucionais em dois[8] blocos, a exemplo do que Jorge Miranda ensinou os constituintes lusitanos a fazer na Carta que lá se promulgou em 1976. Repita-se que a Constituição portuguesa de 1976 tem dois blocos: o bloco I é o dos direitos fundamentais; o bloco II é o das normas estruturantes do Estado português. Isso facilita o trabalho dos políticos, dos juristas e a compreensão pelo povo. O constituinte de 1988 foi espalhafatoso, como já informamos; em vez de criar os blocos constitucionais de normas de direitos fundamentais e outro de normas estruturantes do Estado, preferiu fragmentar. As normas de direitos fundamentais vêm previstas nos seguintes dispositivos: Título II – Dos Direitos e Garantias Fundamentais, com a previsão de direitos e deveres individuais e coletivos (Capítulo I), os direitos sociais (Capítulo II), os direitos da nacionalidade (Capítulo III), os direitos políticos (Capítulo IV) e os

---

8   A ideia de dois blocos normativos parte do conhecimento de que as normas constitucionais, como um todo, têm cumprido, em toda a história do direito constitucional moderno, aquelas duas funções, quais sejam: (i) estruturar o Estado; (ii) definir e garantir direitos fundamentais.

partidos políticos (Capítulo V). Daí tudo se fragmenta e se chega ao Título VII, que acaba por conter normas de direitos fundamentais na ordem econômica e financeira, vindo, em seguida, as normas da ordem social no Título VIII (Brasil, 1988).

— 3.1 —
Gerações, dimensões ou o quê?

Quando se fala em *gerações* de direitos fundamentais, quer-se dizer o seguinte: que tais direitos foram postos nas Constituições respeitando a época de sua positivação, com todas as suas implicações jurídicas, políticas, econômicas e sociais. Nada impediu que houvesse Constituições que, em seus textos – e contextos –, previssem direitos humanos individuais, sociais, de meio ambiente e outros. Portanto, é perfeitamente comum se deparar com uma Constituição, como a brasileira de 1988, em que se veem positivados os direitos fundamentais conhecidos por todas as gerações históricas de direitos que a ciência do direito constitucional vem descrevendo desde o século XVIII. Pode, então, o utente da língua portuguesa utilizar tanto *gerações* quanto *dimensões* para significar as séries históricas de direitos fundamentais que se sucederam na história das Constituições no direito constitucional comparado.

Se a Constituição norte-americana é mais individualista no campo dos direitos, isso é uma característica muito peculiar do regime constitucional dos Estados Unidos, inclusive – e principalmente – em razão de se perceber preponderante, lá, a doutrina de John Locke e o apego à propriedade privada e ao lucro. Sob essa ótica, urge ao direito constitucional desse país a positivação de direitos fundamentais sociais, mas isso cabe aos norte-americanos, pois não há omissão constitucional pela falta de direitos sociais em uma Constituição, mesmo porque, nos Estados Unidos, nunca a Suprema Corte local se arvoraria na competência de fazer da Constituição o que ela bem entender; eles não são ativistas. No mesmo raciocínio, veem-se Constituições que reuniram um denso sistema de normas garantidoras do *welfare state* (Estado do bem-estar social), o que implicava certo dirigismo (Canotilho, 1982) estatal no campo dos direitos sociais, culturais e econômicos.

O importante é o leitor fixar em mente que a Constituição não está destinada a assegurar só direitos individuais ou só direitos sociais e coletivos. Todo e qualquer direito fundamental tem espaço em uma Constituição, desde que não vilipendie o conceito de direito fundamental e se retire a intensidade da essencialidade dos direitos humanos.

Exclua-se o direito internacional público da questão das gerações (ou dimensões) dos direitos fundamentais, isso porque, quando o direito internacional começou a se preocupar com os direitos humanos, as Constituições nacionais já vinham de décadas de experiência na positivação das conquistas humanitárias, individuais ou coletivas. Isso significa que o direito internacional encontrou tudo pronto em termos geracionais; só lhe faltava positivar internacionalmente listas de direitos, o que teve início em 1948. Logo, as gerações de direitos fundamentais são assunto de direito constitucional, não de direito internacional público.

— 3.2 —
A essencialidade da compreensão da primeira geração

Primeiro, uma dimensão (geração) liberal, individualista, de um Estado abstêmio, o Estado do *laisser faire*, do *laisser passer*. Foi nesse tempo que se difundiram e se assentaram as bases do liberalismo econômico, ou do capitalismo propriamente dito.

Podemos desenvolver um raciocínio segundo o qual alguns acontecimentos e escolas de pensamento se sucederam para que o mundo alcançasse os estágios que se viram e que ainda se notam.

Os acontecimentos e as escolas de pensamento que influenciaram o nascimento das Constituições modernas e das liberdades foram: o racionalismo; o Iluminismo; o enciclopedismo; a Revolução Industrial; a Revolução Francesa; a Independência dos Estados Unidos; a Independência do Brasil. Nos parágrafos a seguir, investigaremos cada uma dessas nomenclaturas.

Racionalismo

O racionalismo[9]: *cogito, ergo sum; je pense, donc je suis*; penso, logo existo. Eis o que apresentou René Descartes (2005) no século XVII. O *cogito* cartesiano reflete as reflexões desse pensador cujo *Discurso sobre o método* foi o marco inicial do pensamento filosófico pós-helênico. O fato é que, no ano de 1637 (quando foi publicado seu icônico livro), a força da razão era nula, a filosofia era escrita em latim ou do grego traduzida para o latim – portanto, os textos científicos se destinavam exclusivamente aos doutores. Em um ambiente assim, Descartes publicou sua obra, redigida em francês, em que defendeu o uso da razão visando a todos os que pudessem ler na língua em que falavam, o que significa que escreveu para um público sem as limitações vernaculares – para todos! –, isso porque a razão é um privilégio singular e exclusivo de todos os humanos pelo simples fato de estes serem dotados de senso comum[10]. Com isso, inaugurou-se toda uma escola filosófica composta por brilhantes seguidores e detratores: o racionalismo; eu penso; eu! Eu penso! Perceba que aqui queremos enfatizar o *eu!* do cogitar, o *eu!* do ato de pensar,

---

9   Aqui e nos próximos parágrafos e páginas, vamos nos reservar ao ato de descrever as circunstâncias que impulsionaram a positivação de direitos fundamentais. Não analisaremos o embate entre fé e ciência nem defenderemos a bandeira "a" nem a "b". Todavia, eis aqui uma pista que vem do sopro de nosso "eu profundo": no meio do Éden havia a Árvore da Vida, mas também a árvore do conhecimento do bem e do mal, cujo fruto era proibido à humanidade representada por Adão; ora, vencidos pelo Tentador, a mulher e o homem preferiram comer do fruto. Adviram disso consequências para toda a humanidade (Bíblia. Gênesis, 2021a, 2: 16-17; Bíblia. Gênesis, 2021b, 3: 1-24).

10 Fruto da razão com a qual o homem naturalmente nasce – o que o diferencia de outros animais e de coisas inanimadas –, Santo Agostinho (1997) enfatizava o livre-arbítrio.

no sentido de que quem pensa *sou eu!*, não ninguém por mim. Essa é a centelha que iluminou, mais tarde, o **individualismo** dos primeiros direitos.

Iluminismo

O Iluminismo de Locke, Rousseau e Montesquieu só pôde acontecer graças ao prévio racionalismo cartesiano. Iluminismo vem de luz, e as luzes, da razão. Daí o entendimento de que deveriam se providenciar métodos jurídicos (e normas) para a garantia da liberdade e do progresso. Com tais pensamentos, abriu-se campo para o liberalismo econômico e todos os liberalismos que acompanhavam a liberdade econômica que tinha como centro a propriedade privada. Consideremos como decorrentes do Iluminismo a liberdade religiosa, a de expressão e a de imprensa.

Enciclopedismo

O enciclopedismo veio do Iluminismo e da especificidade da publicação da *Encyclopédie* (de 1772, dividida em 28 volumes), a célebre Enciclopédia organizada por Jean d'Alembert e Denis Diderot (1837). Tal evento literário também – e notadamente – foi científico e impulsionou os acontecimentos que se sucederiam na França e em outros lugares.

Revolução Industrial

A Revolução Industrial se construiu, da primeira vez (Lucas Jr., 2004), entre os séculos XVIII e XIX, mais acirradamente na Inglaterra. Tratou-se da troca da manufatura por processos de produção através de máquinas.

A Escola de Chicago identifica outras três revoluções industriais que se formaram rapidamente no passar do tempo: a segunda (1850-1945), mediante o desenvolver científico da química, da eletricidade, do petróleo e do aço, bem como dos meios de transporte e da comunicação; a terceira (1950-2010) notabilizou-se pela substituição do analógico pelo digital e pela criação e disseminação do uso da *world wide web* (internet) e dos telefones celulares; e, segundo Schwab (2018, p. 72), "O que batizaram agora como Revolução 4.0 – iniciada em 2011 – tem a ver com a confluência de praticamente todas as tecnologias hoje existentes e que efetivamente estão transformando o mundo de uma forma geral".

Revolução Francesa

A Revolução Francesa foi uma decorrência direta de tudo o que estamos mencionando neste tópico: em linguagem popular – e para que se entenda –, só podia dar no que deu! A França era o mais importante país do mundo todo naquela época. A vizinha Inglaterra já havia implantado uma considerável lista de direitos fundamentais e positivado normas que, incontornavelmente, mudaram toda a estrutura do Estado britânico, apesar de ter preservado a monarquia[11]. Na França, o reinado de Luís XVI, agravado pelas excentricidades da Rainha Maria Antonieta em Paris e em Versalhes, não pôde mais prosperar no tempo porquanto o clima político se tornara insustentável para a continuidade do

---

11 Oliver Cromwell foi um ditador da Inglaterra republicana entre 1653 e 1658, ano em que seu filho Richard foi deposto, e a monarquia, reinstaurada.

antigo regime, razão pela qual foi tomada a prisão (Bastilha, no bairro homônimo de Paris) onde eram mantidos os muitos presos políticos inimigos de Luís XVI, além de se ter promulgado a Declaração de Direitos do Homem e do Cidadão (de 1789) e a Constituição (de 1791).

A Revolução Francesa é tida como o movimento sociopolítico mais contundente e importante de todo o período moderno e, a se considerar toda a problemática da sucessão de regimes e governos que a sucedeu, manteve-se o ideal de *laisser faire, laisser passer* e se abriu caminho para Napoleão Bonaparte, para seu icônico Código Civil e – fora a disseminação da violência bonapartiana – para a disseminação, mundial e definitiva, do liberalismo centrado nas relações privadas, período em que o direito constitucional francês não prosperou, mas sim as *libertés* (liberdades).

O parágrafo anterior pode induzir o leitor a pensar que, tal qual a Inglaterra e os Estados Unidos, a França é um berço do liberalismo e do capitalismo, e continua assim até os dias de hoje. Pois isso não é verdade! Entre as grandes democracias ocidentais, a mais intervencionista e uma das mais sociais é, justamente, a França. Apesar de esse país ser um Estado Social, a CGT local destrói o patrimônio dos franceses em sucessivas manifestações violadoras da lei e da ordem, bem como chega a controlar a abertura e o fechamento de todos os estabelecimentos públicos e privados, em detrimento do próprio povo – apático! –, notando-se entre os gauleses, portanto, um socialismo de fato em uma democracia que se mostra ao mundo de mãos atadas, de modo que o Partido dos Trabalhadores (PT) e a Central Única dos Trabalhadores (CUT) do Brasil, se comparados ao sindicalismo francês, mais se assemelham a crianças amadoras em seus primeiros passos.

Independência dos Estados Unidos

A Independência dos Estados Unidos e a Revolução Francesa se comunicaram. A primeira, inclusive – como demonstramos anteriormente –, produziu documentos normativos de direitos humanos anteriores aos franceses, apesar de que não podemos, nem de perto, pensar que os *founding fathers* dos Estados Unidos simplesmente tenham agido do nada; não. O Iluminismo francês foi influência decisiva. Primeiro, todavia, vamos entender um pouco o que vem a significar os Estados Unidos, a começar pelo nome que batiza o país.

Os ingleses tinham na América do Norte 13 colônias. Cada uma delas era quantificada em unidade pela Inglaterra, por isso o número 13, equivalente ao que os ingleses controlavam da metrópole (Londres). Em outra publicação, já lecionamos que tais colônias se sublevaram conjuntamente contra o domínio inglês, e isso redundou na positivação da Declaração de Independência (de 1776), na de Direitos do Bom Povo da Virgínia (de 1776) e na Constituição (de 1787) (Pagliarini, 2016b).

Mais do que nos parágrafos anteriores, devemos nos alongar no que se refere aos Estados Unidos e ao Brasil, evidentemente porque são as duas mais importantes colônias dos europeus nas duas Américas. Destarte, vamos nos deter mais profundamente na realidade do Poder Constituinte dos Estados Unidos.

Não é certo defender que a Constituição de 1787 tenha sido modelo de participação popular ou resultado de agitações populares organizadas; definitivamente, não! De seu processo de criação fizeram parte os delegados[12] daquelas que eram as 13 colônias, que, unidas (Estados Unidos), venceram os ingleses na guerra da independência. A *Federal Convention* se organizou para além da guerra de independência, portanto, ela se reuniu na Casa de Estado (*Hall of Independence*), na Filadélfia, no dia 14 de maio de 1787, para cumprir a finalidade de revisar os artigos da Confederação. Por terem estado presentes, inicialmente, as delegações de apenas dois estados (antigas colônias), os delegados suspenderam os trabalhos sucessivas vezes, até que fosse atingido o número mínimo de 7 estados (metade mais um do total de 13 colônias), o que se efetivou factualmente só no dia 25 de maio.

Após acalorados debates, ficou explícito para todos os delegados, já em junho daquele ano, que, em vez de alterar os atuais artigos da Confederação, os delegados presentes à Convenção deveriam reescrever tudo e (re)elaborar uma estrutura completamente nova para o governo daquilo que viria a ser os Estados Unidos; não sabiam, mas aquilo que escreviam era a futura

---

12 Os delegados são os que elegem o Presidente da República até hoje, sendo o peso dos votos dos delegados superior ao dos eleitores. Portanto, há dois colégios eleitorais nos Estados Unidos, o dos delegados e o do povo. Quem manda é o dos delegados. Joe Biden foi eleito, há pouco, assim.

Constituição dos Estados Unidos. Então, durante todos os dias do verão de 1787, os delegados presentes debateram, fizeram e reescreveram os dispositivos normativos da Constituição em sessões fechadas, sem nenhuma participação ou consulta popular prévia. Entre os principais pontos analisados pelos convencionais estavam o grau de poder permitido ao governo central, o número de representantes de cada Estado no Congresso (Capitólio) e como tais representantes deveriam ser eleitos – diretamente pelo povo ou pelos legisladores dos Estados.

A Carta Magna dos Estados Unidos resultou do pensamento dos partícipes da Convenção e permanece como um modelo de cooperação entre lideranças políticas. As artes da diplomacia, da fidalguia e da condescendência venceram todas as discórdias. Isso ficou claro porque os 55 delegados que redigiram a Constituição incluíram a maior parte dos líderes mais destacados da nova nação, chamados *founding fathers* (pais fundadores). Thomas Jefferson, que estava em Paris durante a Convenção, chegou a afirmar que o encontro dos representantes fez a Constituição mais se assemelhar a uma "assembleia de semideuses" (Hamilton; Jay; Madison, 2014, p. 47, tradução nossa).

Eles representaram uma imensa variedade de interesses, estados e classes na vida, mesmo que a grande maioria dos delegados fosse constituída por homens brancos que eram, ao mesmo tempo, todos eles, proprietários ricos, entre os quais 32 advogados, 11 comerciantes, 4 políticos, 2 militares, 2 doutores, 2 professores, 1 inventor e 1 agricultor. A Convenção foi, sobretudo, construída pela fé cristã incluindo congregacionistas, episcopalistas, luteranos, metodistas, presbiterianos, *quakers* e católicos romanos. O *founding father* John Adams não participou, também se encontrava na Europa, mas escreveu, como Jefferson, aos demais delegados para lhes incentivar o trabalho constituinte. O anticonstitucionalista Patrick Henry também preferiu ausentar-se porque aquilo, segundo ele, "cheirava a rato!" (Hamilton; Jay; Madison, 2014, p. 77, tradução nossa).

Dos que se fizeram presentes, os delegados mais famosos foram, em ordem alfabética prenomial: Alexander Hamilton, Benjamin Franklin, George Washington, James Madison, James Wilson, John Rutledge, Roger Sherman e Rufus King. Derradeiramente, salientamos que a Constituição dos Estados Unidos, apesar de cumprir, após as emendas includentes de alguns direitos individuais, as duas funções clássicas que normalmente cumprem uma Carta Política (estruturar o Estado e definir direitos humanos), tem natureza jurídica de tratado internacional, uma vez que precisou ser ratificada pelos delegados representantes dos Estados-membros formadores dos Estados Unidos. Aqui, vale destacar que, juridicamente, *ratificação* é uma expressão própria do direito internacional e se aplica quando os representantes de diferentes estados tornam definitivo um acordo entre os estados envolvidos na avença, criando, no tratado (acordo, pacto), normas jurídicas que se expressam pelas linguagens da obrigação (O), da vedação (V) e da permissão (P).

Independência do Brasil

Chegamos ao Brasil. Sim, Brasil, o país em que publicamos este livro e em que também publicam os atuais autores da ciência do direito constitucional. Pois bem, tais autores, quando escrevem sobre os direitos fundamentais em sua primeira geração, simplesmente se omitem em fazer uma sequência histórica que inclua, como aqui fazemos agora, a Independência do Brasil. Tal omissão, *data venia*, é uma falha clamorosa e traz as piores consequências para a ciência do direito local, para a política, para a interpretação constitucional e para os estudantes e todos os operadores do direito. Mas quem são esses autores? São muitos, mas os icônicos já foram respeitosamente apontados neste livro. Eles são os que usam a palavra *constitucionalismo* sem previamente anunciar a que se referem, são os que fogem da primeira interpretação obrigatória (a que parte das palavras escritas em conjunto e que formam frases na língua portuguesa), são os que imaginam que o Brasil, por causa de pouquíssimos dispositivos normativos do **infraconstitucional** Novo Código de Processo Civil, já é adepto – ou está quase! – do modo como os juízes ingleses e norte-americanos (*common law*) julgam. Não se esperaria que tal ciência do direito fosse "perder tempo" com a influência da história da Independência do Brasil na Constituição de 1824 e nos primeiros direitos fundamentais. Pois bem, supra-se aqui a omissão.

Qual é a relação entre a independência brasileira e a primeira geração dos direitos fundamentais? A relação é umbilical porque, proclamada a independência em 1822, dois anos mais tarde surgiu a primeira Constituição brasileira, a imperial, de 1824, outorgada pelo Imperador Dom Pedro I. Ao que se refere aos direitos individuais, a Constituição do Império já os consignava sob as rubricas de: "Das Disposições Gerais"; "Garantias dos Direitos Civis e Políticos dos Cidadãos Brasileiros" (Brasil, 1824). Era o art. 179 o proclamador das liberdades e se compunha por 35 incisos, entre os quais a norma garantidora de que os estrangeiros podiam gozar de direitos e garantias no Brasil (Brasil, 1824).

Antes da Constituição Imperial e da própria Independência do Brasil de Portugal, fatores históricos contribuíram para que tais ocorrências se efetivassem, tais como: (i) o separatismo iluminista da Inconfidência Mineira[13] – esta, por sua ligação com a Independência dos Estados Unidos e com a Revolução Francesa, mesmo que no caso de Minas tenha pesado a questão tributária; (ii) o fato de o Brasil se ter acostumado a ser sede do Reino Unido de Portugal, Brasil e Algarves, no Rio de Janeiro, implicava o desejo de soberania em relação à metrópole portuguesa; (iii) a busca, pela elite brasileira, das liberdades política e econômica;

---

13 O movimento da Inconfidência Mineira contou com a participação de inúmeros intelectuais, militares, fazendeiros, magistrados da época e membros do clero, a grande maioria integrante da elite mineira, que tinha o intuito de independência do Brasil em face do domínio português, tornando o Brasil uma república soberana. Além de liberdade e democracia, revoltavam-se os mineiros pela questão tributária porquanto Minas Gerais, que possuía as maiores minas de ouro mundiais naquela época, devia pagar aos portugueses o quinto (20% do metal encontrado na Colônia pertencia a Portugal) e, mais tarde, a derrama (confisco de posses para garantir o teto de cem arrobas anuais). Para aprofundamento nesta temática, vale a leitura de Pagliarini e Berri (2019).

por fim, (iv) o fato de que os portugueses estavam a exigir a volta de Dom João VI a Lisboa, dado o fim da Era Napoleônica (de 1799 a 1815), o que impulsionava os anseios separatistas.

Sobre o protagonismo constitucional brasileiro, não só no que se refere ao direito constitucional estruturante do Estado, mas também naquilo que atine aos direitos fundamentais, lembremos que, iniciado mundialmente o movimento constitucional moderno e escrito, includente dos direitos humanos, no século XVIII, nos dois séculos seguintes se promoveu um duplo câmbio: (i) os direitos fundamentais deixaram de ser positivados em Declarações apartadas e começaram a ser postos diretamente na maioria das Constituições que se promulgavam mundo afora; (ii) em razão de se ter notado que a simples definição de direitos fundamentais não era suficiente para que tais direitos de fato se efetivassem, então se tornou usual prever nas próprias Cartas Magnas alguns instrumentos para sua efetivação[14]. As primeiras Constituições a cumprirem a dupla função de que ora falamos foram a imperial brasileira de 1824 (outorgada por Dom Pedro I) e a belga de 1831.

---

14 Vale aqui reiterar que, no Brasil atual, são garantidoras dos direitos fundamentais certas ações (constitucionais) que são também conhecidas pela alcunha de *remédios constitucionais*; **são elas:** *habeas data*, mandado de injunção (individual e coletivo), ação popular, mandado de segurança (individual e coletivo), *habeas corpus* e ação civil pública. Notamos, outrossim, que a previsão dos remédios constitucionais consta na Carta Magna porque é ela que tem autoridade para tanto, mas a regulamentação das minúcias de cada ação é assunto de lei ordinária, e não podia ser de outro modo, porque é técnica legislativa a de que a Constituição disponha sobre os grandes assuntos do país e do mundo, cabendo à lei os detalhamentos, as regulamentações, os *modus* e os prazos.

Tendo-se em mente que a igualdade sempre esteve, como proclamação genérica, no rol dos direitos fundamentais – aliás, ela está no trilema da Revolução Francesa desde 1789 – no desenvolvimento constitucional da primeira geração dos direitos fundamentais no Ocidente, é certo que os direitos coletivos, nos quais a igualdade se insere, só vieram mais tarde, na segunda geração dos direitos humanos, como analisaremos adiante.

A seguir, apresentaremos um modelo – não exaustivo – de lista de direitos individuais, ou seja, de direitos fundamentais incontestavelmente de primeira geração porquanto dependentes simplesmente da abstenção do Estado em praticar a opressão:

- **Vida**: e nela se inclui a existência propriamente dita, a integridade física, a integridade moral e as proibições de pena de morte, de eutanásia, de aborto e de tortura. A estatura da proteção à vida é constitucional. Logo, qualquer norma geral e abstrata ou individual e concreta que viole o direito constitucional à vida atentará contra a própria Constituição.
- **Privacidade**: intimidade, vida privada, honra e imagem das pessoas.
- **Liberdade**: democracia, liberdade de locomoção, liberdade de circulação, liberdade de pensamento includente de opinião, escusa de consciência, liberdade de comunicação includente de liberdade de manifestação do pensamento, liberdade de informação em geral, liberdade de informação jornalística e de meios de comunicação, liberdade religiosa, liberdade de expressão intelectual, artística e científica e de direitos

conexos, liberdade de expressão cultural, liberdade de transmissão e de recepção do conhecimento, liberdade de ação profissional includente de liberdade de escolha profissional e acessibilidade ao serviço público.

- **Propriedade privada**: incluindo, além daquela concernente aos imóveis urbanos e rurais, também a propriedade autoral, a propriedade de inventos, de marcas e de nome de empresas, mais aquela propriedade como bem de família, devendo-se notar que a propriedade deve cumprir sua função social.
- **Igualdade**: direta ou indiretamente, a igualdade aparece três vezes[15] já no *caput* do art. 5º da Carta brasileira de 1988, que, por sua vez, está inserido no Capítulo I, dos direitos e deveres individuais e coletivos. Não se sabe se foi um erro do Poder Constituinte originário de 1988 fazer a mistura de direitos individuais com direitos coletivos, mas, ao fim e ao cabo, foi assim que a norma foi positivada. Entretanto, em termos de técnica de ciência do direito constitucional, falaremos em igualdade mais adiante, quando da escrita das linhas sobre os direitos sociais, juntamente a outros dessa mesma categoria. Frisamos que o momento de indicação da igualdade como direito fundamental ocorreu nas revoluções liberais, mas o tempo de implantação de suas consequências e especificidades foi outro: veio mais tarde, com as reivindicações coletivistas em prol da sociedade e demandantes de um Estado provedor, não mais abstêmio. E esse raciocínio também vale

---

15 Foi de gosto duvidoso a redação redundante de tão importante direito fundamental.

para a história do direito constitucional da França e dos Estados Unidos, pois, de fato, a *égalité* foi lema fundamental (juntamente à *liberté* e à *fraternité*) da Revolução Francesa em si, apesar de que os primeiros acontecimentos na França e aqueles que precederam a Revolução Francesa nos Estados Unidos e na Inglaterra eram mais voltados às *libertés*, tanto que os franceses chamavam os direitos humanos – como um todo – de *libertés publiques* (Rivero; Moutouh, 2003), sem nos esquecermos de que, para os norte-americanos, os direitos civis são os individuais[16].

Nas últimas páginas deste livro, cumprimos a explicação do desenvolvimento dos direitos fundamentais de primeira geração (ou dimensão). Terminamos esta seção apresentando o essencial, que, para nós, é passar aos leitores as noções básicas de ciência do direito constitucional, de direito constitucional propriamente dito e da história do direito constitucional, sendo este o porquê de termos perpassado pelos principais passos de movimentos, tais como o racionalismo; o Iluminismo; o enciclopedismo; a Revolução Industrial; a Revolução Francesa; a Independência dos Estados Unidos; e a Independência do Brasil.

---

16 Até hoje, os Estados Unidos não sistematizaram em âmbito nacional uma saúde pública e uma educação pública obrigatórias, com verbas destinadas para suas implementações e suas manutenções. Barack Obama tentou isso com o *Obama Care*, mas Donald Trump destruiu o que fora mui modestamente feito por seu antecessor.

— 3.3 —
A essencialidade da compreensão da segunda geração

A nomenclatura *direitos sociais*, no Texto Constitucional de 1988, é a que dá vida aos mais genéricos direitos coletivos e, por que não dizer, à igualdade. Entre os direitos sociais positivados efetivamente pelo constituinte, estão a liberdade de associação profissional e sindical (art. 8º e art. 37, inciso VIII), o direito de participação de trabalhadores e empregadores nos colegiados de órgãos públicos (art. 10º), a representação de empregados junto aos empregadores (art. 11), o direito ao meio ambiente ecologicamente equilibrado (art. 225) ou, ainda, aqueles que foram indicados pelo Texto Constitucional como institutos de democracia direta (art. 14, incisos I, II e III; art. 27, parágrafo 4º; art. 29, inciso XIII; art. 61, parágrafo 2º; art. 31, parágrafos 3º e 5º, incisos XVI a XXI, XXXIII, XXXIV, alínea "a") (Brasil, 1988). Podemos perceber que alguns desses dispositivos, por natureza, não se referem a direitos coletivos, mas sim a direitos individuais de expressão coletiva, citando-se como exemplos disso as liberdades de reunião e de associação.

O primeiro intuito deste tópico sobre a essencialidade da segunda geração é afirmar que esta não veio destruir, suplantar ou substituir as liberdades individuais. Ao contrário, os países que se mantiveram democráticos, como a Suécia e a França, conseguiram promulgar Constituições sociais e inauguraram, de certo modo, universalmente, o que veio a ser conhecido pela nomenclatura de *Estado Democrático e Social de Direito*; Portugal e Espanha seguiram a mesma esteira, em 1976 e 1978, em normas a serem concretizadas mais tarde naquilo que foram apelidadas de programáticas.

O segundo intuito deste tópico sobre a essencialidade da segunda geração é afirmar que o Estado que os implanta em sua Constituição não pode mais, simplesmente, abster-se de agir em prol dos direitos sociais e coletivos, isso porque, para implantar direitos sociais (que são também fundamentais) básicos, como a saúde e a educação, ele deve ter programas voltados às políticas públicas educacionais e de saúde includentes da construção de hospitais e escolas, da manutenção destes, da contratação e do pagamento de professores, administradores educacionais e hospitalares, médicos, enfermeiras e mais uma enorme gama de servidores que, nos quatro níveis federativos (União, estados, municípios e Distrito Federal), somam um imenso número, isso para aqui se dizer o mínimo sobre saúde e educação, dois dos direitos sociais (fundamentais e coletivos) mais caros, principalmente nas sociedades mais vulneráveis e de capitalismo e democracia tardios.

O terceiro intuito deste tópico é informar que melhor será se, de fato, sempre se buscar a igualdade em uma democracia, dado que os regimes totalitários falharam, e o final do século XX é prova recente disso. Portanto, vamos nos aprofundar na questão da igualdade: falou-se sobre ela já na primeira geração dos direitos fundamentais. Entretanto, podemos crer que foi na segunda geração que o grau de exigência pelos direitos de igualdade se acirraram, no passado, por conta de movimentos políticos tais como a Comuna de Paris, a Revolução Mexicana e a Revolução Russa. Não obstante a representatividade revolucionária desses três movimentos históricos, não é erro afirmar que, com democracia, os Estados da Escandinávia, com a vantagem da liberdade política assegurada aos cidadãos, também se notabilizaram pela prescrição de direitos sociais em suas Cartas Magnas regentes de cidadãos livres, não de escravos de Estados totalitários como Cuba, China e Coreia do Norte. Já sabendo que a igualdade conflui bem melhor em uma democracia também protetora da liberdade em uma situação de igualiberdade (Dimoulis, 2016), chega a hora de defini-la.

O mestre baiano Ruy Barbosa (1999, p. 22) lecionava

> Não há, no universo, duas coisas iguais. Muitas se parecem umas às outras. Mas todas entre si diversificam. Os ramos de uma só árvore, as folhas da mesma planta, os traços da polpa de um dedo humano, as gotas do mesmo fluido, os argueiros do mesmo pó, as raias do espectro de um só raio solar ou estelar. Tudo assim, desde os astros, no céu, até os micróbios no sangue, desde as nebulosas no espaço, até aos aljôfares do rocio na relva dos prados. A regra da igualdade não consiste senão em quinhoar desigualmente aos desiguais, na medida em que se desigualam. Nesta desigualdade social, proporcionada à desigualdade natural, é que se acha a verdadeira lei da igualdade. O mais são desvarios da inveja, do orgulho, ou da loucura. Tratar

com desigualdade a iguais, ou a desiguais com igualdade, seria desigualdade flagrante, e não igualdade real. Os apetites humanos conceberam inverter a norma universal da criação, pretendendo, não dar a cada um, na razão do que vale, mas atribuir o mesmo a todos, como se todos se equivalessem.

Eis a regra jurídica da igualdade, e assim ela é pensada até hoje por pressupor tratamento jurídico desigual para pessoas socialmente desiguais. A lição de Ruy Barbosa é referência.

Na técnica legislativa do constituinte de 1988, a igualdade apareceu três vezes no *caput* do art. 5º e mais uma vez em seu inciso I (Brasil, 1988). Depois, no art. 7º (incisos XXX e XXXI), a igualdade vem como premissa para vedar a diferença de salários, de exercício de funções e de critério de admissão por motivo de sexo, idade, cor ou estado civil e qualquer discriminação no que se refere a salário e a critérios de admissão do trabalhador com deficiência (Brasil, 1988).

Tais são as efetividades concretas de normas de direitos fundamentais sociais (coletivos, de segunda geração). Mas devemos considerar existentes na mesma Carta algumas normas programáticas de direitos sociais, como exemplo: a redução das desigualdades sociais e regionais como objetivo do Brasil (art. 3º, inciso III); a repulsa a toda forma de discriminação (art. 3º, inciso IV); a universalidade da seguridade social; a garantia ao direito à saúde, à educação baseada em princípios democráticos e de igualdade de condições para o acesso e à permanência na escola; a justiça social como objetivo das ordens econômica e social (Brasil, 1988).

Na história dos direitos sociais nas Constituições brasileiras, tem-se esta evolução:

- **Constituição de 1824**: até mesmo a primeira Constituição Imperial brasileira (Brasil, 1824), notadamente liberal e sabidamente outorgada pelo imperador, também liberal, embora não tivesse um capítulo que reconhecesse isoladamente os direitos sociais com essa nomenclatura, apresentou uma abertura nesse sentido. É o que se traduz da leitura dos incisos XXI, XXII e XXIII do art. 179, os quais garantem os chamados *socorros públicos*, a instrução primária universal e gratuita e a existência de colégios e universidades (Brasil, 1824). É ínfimo, mas é melhor que nada.
- **Constituição de 1891**: na questão dos direitos sociais, a primeira Constituição republicana deixou a desejar. Por exemplo, ignorou o reclamo por uma reforma agrária e não criou normativa alguma para atender ou dar garantias aos escravos recém-libertos. Por fim, a questão do voto merece algum destaque, pois demonstra perfeitamente o grau da desigualdade social no Brasil, uma vez que o direito à cidadania ficou delimitado a um grupo muito pequeno de homens letrados. Ainda, podemos afirmar que, embora constasse na Constituição uma declaração de direitos e de garantias, estes não tinham muita aplicação no dia a dia de uma sociedade civil que era mui fragilmente organizada. Além disso, a descentralização vinda com

a Constituição de 1891, passando a magistratura ao domínio dos Estados e deixando o poder para as oligarquias – principalmente as de Minas Gerais e de São Paulo –, representou um retrocesso do sistema de garantias das liberdades individuais que o Império havia começado a organizar (Brasil, 1891).

- **Constituição de 1934**: essa Constituição apresentou considerável pedagogia normativa ao verdadeiramente alargar imensamente os direitos sociais, positivando-os. A partir dela, todas as Constituições brasileiras trataram desses direitos de forma sistematizada. Lembremos, antes, de que a Carta Política de 1934 foi influenciada pelas anteriores Constituições de México, Weimar e Espanha (de 1917, 1919 e 1931, respectivamente), tendo sido a primeira brasileira a instituir uma parte específica (o Título IV) prescrevendo normas sobre a ordem econômica e social. Em seu Preâmbulo, inscrevera-se que era seu objetivo "organizar um regime democrático, que assegure a Nação a unidade, a liberdade, a justiça e o bem-estar social e econômico" (Brasil, 1934). O inciso II do art. 10º impôs ser competência concorrente da União e dos estados zelar pela saúde e pela assistência pública. Já o art. 121 estabeleceu a assistência médica sanitária aos trabalhadores e às gestantes, assegurando a elas descanso antes e depois do parto. A Constituição de 1934 elevou os direitos e as garantias trabalhistas como normas constitucionais – o que foi importante e novidadeiro no direito constitucional comparado –, instituindo a proteção social dos trabalhadores (art. 121, *caput*). Além disso, fixou que todos tinham direito à educação (art. 149) mediante a obrigatoriedade e a gratuidade do ensino primário, inclusive para os adultos, sinalizando uma tendência para a gratuidade do ensino ulterior ao primário (art. 150, parágrafo único, alínea "a"). Logo, houve significativo avanço dos direitos sociais na Constituição de 1934, que reconheceu a maioria dos que estavam a ser difundidos mundialmente, principalmente no que diz respeito ao trabalho (Brasil, 1934).

- **Constituição de 1937**: apelidada de "Polaca" por ter sido baseada no regime autoritário daquele país europeu que, pouco tempo depois, sucumbiria a Hitler, essa Carta foi outorgada por Getúlio Vargas, tendo sido seu anteprojeto elaborado por Francisco Campos. Tratava-se de uma Constituição marcadamente centralizadora porquanto limitava a tripartição dos poderes. Eis que concentrava a função de chefe do Executivo e também uma peculiar capacidade normativa[17] ao presidente da República, tendo-se abalado, com isso, a repartição que sempre representou a harmonia e a independência entre os três poderes. Afora isso, no campo dos direitos fundamentais, com enorme retrocesso, reintroduziu a pena de morte e extinguiu os partidos políticos. Apesar dessas características bastante nefastas da "Polaca" no que referia a liberdades individuais e políticas, deve-se levar

---

17 "Art 38. O Poder Legislativo é exercido pelo Parlamento Nacional com a colaboração do Conselho da Economia Nacional e do Presidente da República, daquele mediante parecer nas matérias da sua competência consultiva e deste pela iniciativa e sanção dos projetos de lei e promulgação dos decretos-leis autorizados nesta Constituição" (Brasil, 1937).

em conta, na área dos direitos fundamentais sociais, que o art. 137, alínea "l", prescrevia que a legislação do trabalho deveria observar a assistência médica e higiênica ao trabalhador e para a gestante, garantindo a esta, sem prejuízo de salário, um período de descanso antes e após o parto, como constava na Constituição anterior. Estabeleceu também em seu art. 16, inciso XXVII, a competência privativa da União para legislar sobre normas fundamentais da defesa e proteção da saúde, especialmente da criança (Brasil, 1937).

- **Constituição de 1946**: a promulgação dessa Constituição, que apresentou caráter liberal após o período ditatorial de Vargas, procurou redemocratizar o país. Da Assembleia Nacional Constituinte que a escreveu, amplos setores foram partícipes, conforme já pormenorizamos neste livro. Além de ela restaurar os direitos e as garantias fundamentais individuais, também reduziu as atribuições do Poder Executivo, restabelecendo o equilíbrio entre os poderes. No campo dos direitos fundamentais, sobretudo no que atinava ao trabalhador, a Constituição de 1946, assim como as de 1934 e 1937, estabelecia que as normas infraconstitucionais do trabalho e da previdência social deviam observar, além de outras garantias laborais em prol dos trabalhadores, a assistência sanitária, inclusive hospitalar e médica preventiva, não só aos trabalhadores, mas especialmente às gestantes; ainda, prescreveu o estabelecimento de um salário mínimo nacional que suprisse as necessidades do trabalhador e de suas famílias (art. 157, inciso I) – o que nunca aconteceu –, a participação do trabalhador nos lucros da empresa (art. 157, inciso IV), bem como a proibição de trabalho noturno a menores de 18 anos (art. 157, inciso IX). Ainda, inseriu em seu corpo o mandado de segurança como remédio constitucional garantidor de direito líquido e certo que não fosse antes amparado nem por *habeas corpus* nem por ação popular (art. 141). A propriedade privada teve a existência condicionada ao cumprimento da sua função social, tendo-se, a partir daí, possibilitado a desapropriação por interesse social (art. 141, parágrafo 16º). Em soma a isso, previu a mesma Carta, no art. 5º, a competência da União para estabelecer normas gerais sobre a defesa e a proteção da saúde, permitindo que os estados legislassem de forma supletiva ou complementar (art. 6º); prescreveu, no art. 168, a assistência educacional para os alunos necessitados, de modo que se lhes assegurasse eficiência nos estabelecimentos de ensino (Brasil, 1946).

- **Constituição de 1967**: essa foi a Constituição que sustentou os primeiros anos da ditadura militar instaurada no Brasil desde 1964. Seu texto colocava em relevo o Poder Executivo, que, até 1985, era eleito indiretamente por um colégio eleitoral não popular, mantendo-se as linhas básicas dos demais poderes, depois cerceadas com os atos institucionais. Foi a Carta supressora de liberdades, tais como a de publicação de livros e outros veículos que representassem, para os censores da ditadura, propaganda subversiva; também restringiu a liberdade de reunião, fixou o foro militar mesmo para civis, diminuiu para 12 anos a idade mínima de permissão do trabalho e limitou a possibilidade de se fazer greve. No entanto, no campo dos direitos sociais, na Carta de 1967 notaram-se avanços: salário-família aos dependentes do empregador (art. 158, inciso II); proibição de diferença de salários por motivo de etnia (art. 158, inciso III); participação do trabalhador na gestão da empresa (art. 158, inciso V); aposentadoria da mulher aos 30 anos de trabalho, recebendo a integralidade de seu salário (art. 158, inciso XX). Além disso, nos arts. 8º e 158 se estabeleceu um novo pacto federativo de competências entre União e estados para a melhoria das condições de vida dos que laboravam na urbe e no campo (Brasil, 1967).

- **Constituição de 1988**: ao estudar a estrutura normativa da Constituição de 1988, o intérprete se depara com estes grupos e subgrupos de normas de direitos humanos: Título II – "Dos Direitos e Garantias Fundamentais", com a previsão de Direitos e Deveres Individuais e **Coletivos** (Capítulo I), de Direitos **Sociais** (Capítulo II), de Direitos da Nacionalidade (Capítulo III), de Direitos Políticos (Capítulo IV) e de Partidos Políticos (Capítulo V) (Brasil, 1988). Após essa sequência, que tem lógica porquanto os Capítulos de I a V estão dentro do Título II, dá-se um enorme pulo e se chega ao Título VII, no qual se encontram normas de direitos fundamentais incidentes na ordem econômica e financeira; logo em seguida, vêm as normas da ordem social no Título VIII.

No art. 6º da Carta de 1988, estão proclamados os direitos sociais, em uma primeira mão. Em termos de equivalência, esse art. 6º é, para os direitos sociais, o que o *caput* do art. 5º representa para os direitos individuais. Tem-se, então, estes direitos sociais: educação, saúde, alimentação, trabalho, moradia, transporte, lazer, segurança, previdência social, proteção à maternidade e à infância e assistência aos desamparados (Brasil, 1988).

Além do que consta no parágrafo anterior, tenha-se em mente as normas de direitos sociais que estão postas nos Títulos II, VII e VIII da Carta de 1988.

É a Constituição brasileira de 1988 a dona do maior acervo de direitos humanos em toda a história do direito constitucional comparado. Não bastasse isso, ainda podem surgir direitos fundamentais por meio dos princípios constitucionais de direitos humanos e dos tratados internacionais da mesma natureza, estando isso expressamente constante no parágrafo 2º do art. 5º da Carta em vigor (Brasil, 1988).

— 3.4 —
A terceira geração

Repetimos: a divisão das fases de conquistas de direitos fundamentais em gerações não é uma prática adotada de forma disseminada pela ciência do direito constitucional (ou seja, pela doutrina). Os norte-americanos, por exemplo, não falam disso. No Brasil, contudo, escreve-se a respeito.

Os direitos de terceira geração seriam a tradução contemporânea da *fraternité* da Revolução Francesa, hoje também conhecida pelo nome de *solidariedade* em vez de fraternidade, talvez porque *fraternité* seja uma palavra muito francesa, portanto, com carga semântica demasiadamente liberal diante do histórico da revolução. Entre os direitos de terceira geração se incluiriam os direitos ao desenvolvimento humano sustentável – formado pelo tripé economia, meio ambiente equilibrado e equidade social –, à paz e à copropriedade comum do gênero humano.

Para Francisco Rezek (2018), o problema é: De quem cobrar tais direitos? Em comparação com os pactos das Nações Unidas sobre direitos humanos (de 1966) – tratados estes em que foram identificados quem deve fazer, o que deve fazer e para quem deve fazer –, as declarações acerca dos direitos de terceira dimensão ficam esvaziadas de credores e devedores. Logo, o que se questiona é: De quem cobrar tais direitos de terceira geração em plano global? Meio ambiente saudável, paz e desenvolvimento: Como e de quem cobrar? (Rezek, 2018).

Outra questão é a seguinte: Terá acertado essa parte da doutrina que identifica alguns grupos de direitos na terceira, outros na quarta, outros ainda na quinta, e poucos até em uma sexta geração de direitos humanos? Não seria melhor, simplesmente, fazer-se uma divisão que contemplasse os direitos como ou individuais ou coletivos?

> Particularmente, penso que sim, e isso em razão de raciocínio lógico, provavelmente adquirido em meu pós-doutoramento em Portugal, quando o catedrático Jorge Miranda, o pai da Constituição portuguesa de 1976, disse-me: *Professor Alexandre, quando puder simplificar, simplifique. A simplificação acaba por se apresentar como quase sempre erudita.*

E foi o que Jorge Miranda fez na Constituição de 1976; dividiu-a em dois grandes grupos (só dois!) de normas: (i) as de direitos fundamentais; (ii) as estruturantes do Estado português.

— 3.5 —
A quarta geração

É uma posição, de respeito, de Friedrich Müller (2004) e de Paulo Bonavides (2020). No Brasil, os constituintes de 1988 inseriram no art. 14 alguns modos pelos quais os cidadãos podem manifestar-se diretamente, sem intermediários. São eles os momentos do voto, do plebiscito, do referendo e da iniciativa popular. Faltou a ousadia de uma Alemanha, onde é possível que um cidadão questione abstratamente a constitucionalidade de norma jurídica. Também faltou o *recall*, instrumento pelo qual o cidadão retoma o mandato cedido ao eleito que esteja agindo de forma desonesta ou até mesmo fora dos parâmetros partidários e contra suas promessas de campanha dentro daquele partido político.

A crítica que fazemos aqui a essa quarta geração é: Não fala ela de democracia? Ora, a liberdade democrática já é um direito individual desde o início das primeiras declarações de direitos humanos proclamadas por Inglaterra, Estados Unidos, França e Brasil entre o final do século XVIII e o início do século XIX.

Aqui defendemos que a democracia, de ontem ou de hoje, é um direito fundamental de primeira geração, uma liberdade incontornável e que, apesar de ser menos importante do que a vida, pode vir a sustentar a própria vida, bastando, para crer-se nisso, lembrar-se dos exemplos genocidas que Stalin, Mao Tsé Tung e Hitler deram ao mundo.

Outra questão é a seguinte: Terá acertado essa parte da doutrina que identifica alguns grupos de direitos na terceira, outros na quarta, outros ainda na quinta e poucos até em uma sexta geração de direitos humanos? Não seria melhor, simplesmente, fazer-se uma divisão que contemplasse os direitos como ou individuais ou coletivos? Pensamos que sim, pelas razões expostas.

— 3.6 —
A quinta geração

Os ataques promovidos pelo grupo islâmico extremista Al Qaeda contra as torres gêmeas em Nova Iorque e outros símbolos do poderio norte-americano acenderam um sinal de alerta nas democracias ocidentais. Bem antes disso, os fiéis que se encontravam a rezar na grande sinagoga de Buenos Aires foram massacrados por funcionários iranianos e pelo Hezbollah libanês. Mais tarde, extremismos da banda radical islâmica continuaram a ser levados a cabo contra Espanha, Inglaterra, França, Áustria e outros países europeus ocidentais. George W. Bush chegou a anunciar a guerra contra o terrorismo e o "eixo do mal" (Rezek, 2011). Em tudo isso, inocentes foram mortos. Na outra banda, mais inocentes foram mortos, e soberanias, devastadas (Iraque e Afeganistão) injustificadamente pelos Estados Unidos, indicando que maus exemplos vêm demonstrando ao mundo o desrespeito ao direito internacional. Afora isso, em revanche, os norte-americanos também executaram, ilegal e sumariamente, Saddam Hussein, em 2006, e Osama Bin Laden e Muammar al-Gaddafi, em 2011.

Em âmbito interno brasileiro, tome-se o exemplo da violência na cidade do Rio de Janeiro. Os números são assustadores. Diante do que vem ocorrendo em âmbito internacional e em âmbito nacional, o grande jurista Paulo Bonavides (2008) proclamou que a quinta geração dos direitos humanos é a paz. O autor justificou sua posição no flagelo das ditaduras constitucionais, na falta da implantação do Estado Social e no mal funcionamento dos poderes Executivo e Judiciário. Nada disse o mestre Bonavides sobre a violência dos Castro contra o povo de Cuba, nem sobre China, tampouco sobre a Coreia do Norte.

Fazemos, aqui, uma objeção não à paz, mas a essa quinta geração de direitos fundamentais encabeçada pela paz. Afirmar que a paz é uma geração do direito é equivalente a minimizar o próprio direito e a paz com ele. A ideia de pacificação é intrínseca ao próprio direito, e isso já se encontrava na filosofia de Thomas Morus (2020) – para não alongar a imensa lista de jusfilósofos. Adicione-se a Morus o alemão Immanuel Kant (2020), e ambos não deixam mentir. Não era preciso criar uma quinta categoria de direitos fundamentais para se falar de paz. O direito fundamental à paz é de uma obviedade cristalina quando se trata de direitos individuais ou de direitos coletivos.

— 3.7 —
A sexta geração

Há doutrinas que sustentam que a sexta geração dos direitos fundamentais seriam: (i) o direito ao acesso à água potável (Fachin, 2015) ou (ii) o direito de buscar a felicidade (Padilha, 2014). Pedimos *venia* aos distintos autores para a seguinte discórdia: não podemos concordar que a água potável seja a sexta geração porque o meio ambiente saudável já é partícipe da lista da terceira geração, e muito bem podia ser partícipe de uma lista mais simplificada ainda que fossem adotadas as duas divisões dos norte-americanos, para os quais os direitos humanos são ora individuais, ora coletivos. Quanto à felicidade como sexta, sétima ou enésima geração dos direitos fundamentais, não há como sustentar tal doutrina nem como combatê-la: ela simplesmente inexiste em termos de ciência do direito, por se tratar de uma condição psicológica.

— 3.8 —
A inflação geracional e a pulverização da essencialidade daquilo que, de fato, é direito fundamental

A primeira, a segunda... Quanto às duas gerações, não há dúvida! Elas são dimensões de direitos fundamentais. Daí vem a terceira, a da fraternidade (solidariedade), e o que a salva é justamente a ideia complementar (da lista francesa) da fraternidade. Na primeira geração, tem-se a liberdade; na segunda, a igualdade; na terceira... Ora, a terceira tinha de acolher a *fraternité*, e nela se incluíram as essencialidades contemporâneas, indeterminadas, coletivas e difusas, como o meio ambiente e o desenvolvimento socioeconômico. Logo, em boa doutrina, há como se sustentar cientificamente as três dimensões de direitos fundamentais.

Pois bem, a quarta geração não é geração porque a democracia, a liberdade política já era buscada pela primeira geração – individualisticamente – e pela segunda geração – coletivamente, em partidos políticos, sindicatos. É bem possível dispensar a quarta geração da doutrina, *data venia*.

A quinta geração também merece ser dispensada do espectro doutrinal porquanto a paz é a essência do direito, uma vez que não há como se pensar em um direito, como objeto prescritor de condutas, que não prescreva normas jurídicas em nome da paz social. A violência do direito veio para substituir a violência das ruas e da comunidade internacional, e é justamente por isso que o direito obriga, proíbe, permite e pune.

Por fim, rechacem-se todas as doutrinas defensoras de água potável e/ou da felicidade como sexta ou sétima geração de direitos fundamentais, e sejam respeitosamente afastadas, com a devida *venia* que aqui desde já pedimos. A água, porque já é um direito fundamental inserido no gênero meio ambiente. Separar a água da biosfera é tão impossível quanto separá-la das normas gerais protetoras do meio ambiente. Quanto à felicidade como direito fundamental, ora: o direito tem uma linguagem de violência para substituir a violência. As ruas são violentas; a comunidade internacional é violenta; o direito é violento, mas este, obrigado, proíbe e pune por conta da busca da paz. Falar-se em felicidade em um cenário assim não tem qualquer fundamento científico.

Daqui a pouco, virá algum grupo de autores a defender uma oitava geração dos direitos fundamentais: a de que não se deve comer carne, por exemplo. E uma nona, em favor da produção exclusiva de comida sem glúten. Sim, usamos aqui de sarcasmo, e não haveria outra forma de encarar a perniciosa disseminação, na doutrina, de gerações e gerações de direitos fundamentais. Tal prática é letal, pois retira justamente a fundamentalidade de direitos que, de fato, são essenciais ao homem enquanto indivíduo e ao homem enquanto sociedade. Se assim continuarem, perder-se-á de vista que a liberdade, ela sim, é um direito fundamental em qualquer uma de suas modalidades. A saúde é um direito fundamental. Ligações sanitárias em todas as casas e residências do Brasil, isso sim é um direito fundamental. Antes disso tudo, a vida é um direito fundamental. Repita-se: a vida!

Talvez seja por conta de se multiplicarem (inflacionarem) desmedidamente os elencos de direitos fundamentais que a própria vida passa a ser afastada de seu posto de primeiro e mais robusto de todos os direitos, fenômeno este do século XX que entrou no século XXI destronando todas as expectativas de vida, uma vez que passou a ser corriqueiro se pensar que doentes terminais podem ser assassinados (eutanásia), seres humanos podem ser manipulados[18] e fetos humanos simplesmente abortados, tudo em nome de dignidades. Por qual razão se defende tão intensamente o aborto e a eutanásia hoje em dia e desde os anos de 1960 do milênio passado? Será que para isso contribui só a covardia dos parlamentos? Não! Será que para isso contribui só a nova interpretação constitucional que o STF faz ao largo da norma jurídica escrita? Não! Será que para isso contribui somente o *twist and shout* dos Beatles? Também não! Pelo desmerecer da vida como o maior dos direitos fundamentais também respondem os escritores que alargam as imensas listas de direitos humanos sem nenhum respaldo em direito positivo. É interessante o seguinte: ao se conversar com um adepto da

---

[18] Adolf Hitler e Josef Mengele pensavam e agiam desse modo.

alimentação vegana, dirá ele que não se deveria comer ovos[19] porque dentro destes haverá um pintinho, e o pintinho será uma galinha ou um galo. Pois bem, esse mesmo vegano, em seguida, ao ser perguntado se é a favor do aborto, responderá: "é claro que sou, o feto ainda não é humano formado". Pois bem, então a campanha ideológica passaria a ser algo assim: *Preservemos os ovos de galinhas e deixem-nos matar os fetos!*

A inflação geracional e a pulverização da essencialidade daquilo que de fato é direito fundamental faz com que o que não é fundamental tome o lugar daquilo que é verdadeiramente uma conquista civilizatória da humanidade.

Tempos difíceis...

— 3.9 —
O direito internacional público dos direitos humanos

O direito internacional público (DIP) é aqui definido como um conjunto de normas que regem as relações entre os sujeitos de direito internacional, que são os Estados soberanos e as organizações internacionais (OI), exclusivamente estes, segundo

---

19 Já vi cartaz assim em um restaurante vegano de Curitiba. Aliás, essa conversa de fato ocorreu nesse restaurante entre mim e a proprietária.

Pagliarini (2004), Pagliarini e Dimoulis (2012) e Rezek (2018)[20]. Essa é uma primeira abordagem conceitual que apresentamos. Em uma sequência de definição, podemos afirmar que o DIP é o direito estruturante da comunidade internacional e que nela prevê direitos humanos ou direitos fundamentais. Portanto,

---

20 Originariamente, os Estados soberanos sempre foram os sujeitos clássicos de DIP. A partir de 1919, com a criação da Organização Internacional do Trabalho (OIT), as organizações internacionais passaram a ser também consideradas sujeitos de DIP. Quando aqui usamos a expressão *sujeitos de DIP*, queremos nos referir a pessoas de DIP, atores de DIP. Essa doutrina é de autoria de quem escreve estas letras e de Francisco Rezek, além de ser a posição jurisprudencial do tribunal permanente internacional mais importante do mundo (entre outros), que é a Corte Internacional de Justiça (CIJ, ONU, Haia, Holanda). Há doutrina divergente, segundo a qual o ser humano (individual ou coletivamente visto) e a empresa transnacional também seriam sujeitos de DIP, sendo seus principais expoentes Ingo Wolfgang Sarlet e Flávia Piovesan (Piovesan, 2018; Sarlet, 2012). Sarlet e Piovesan sustentam, em suma, que o ser humano tem legitimidade ativa para litigar perante a Corte Europeia de Direitos Humanos, e passiva para responder à ação no Tribunal Penal Internacional. Além disso, para eles, o ser humano é partícipe direto das normas internacionais e do dia a dia da comunidade internacional na qual ele está inserido. Para os mesmos autores, não se pode fechar os olhos tampouco para o fato de que, no atual momento de globalização, as empresas transnacionais são muitas vezes tão ou mais importantes do que certos Estados nacionais. **Rechaçamos tal posição**, com o devido respeito, pelo seguinte: não é porque o ser humano tem legitimidade ativa e passiva perante só dois tribunais internacionais que ele vai ser alçado à condição de sujeito de DIP, mesmo porque o mesmo ser humano não tem legitimidade alguma perante nenhum outro dos muitos tribunais internacionais permanentes, pois não participa da criação do acervo normativo internacional nem pela via do tratado, nem pelo costume, nem pelos princípios, de modo algum. Quanto à empresa transnacional, nem mesmo legitimidade perante tribunais permanentes de DIP ela tem, o que não retira dela sua importância no mundo globalizado; porém, uma coisa é ser importante, e outra coisa, completamente distinta, é deter a marca indúbia da personalidade de DIP. Mais aprofundamentos em: Pagliarini; Dimoulis (2012).

o DIP podia resumir-se ao cumprimento das duas funções[21] expostas neste parágrafo, quais sejam: (i) estruturar a comunidade internacional; e (ii) definir e garantir direitos humanos; mas não é só isso! Quando Portugal e França concluem e ratificam um tratado internacional meramente comercial, prevendo a troca de vinho do Porto por queijo *brie*, isso também é DIP, mas não é um DIP nem estruturante da comunidade internacional, muito menos definidor de direitos humanos. Todavia, esse mero tratado de comércio entre Portugal e França cria, modifica ou extingue direitos nas relações entre os dois países, razão pela qual um tratado internacional com tamanho grau de especificidade pode ser intitulado de tratado internacional particular, e, por outro lado, um tratado criador de uma OI universal e política, como a ONU, será chamado de tratado internacional geral, diferençando-se, por isso, daquele particular antes explicado.

Também tenderá a ser geral um documento internacional, seja ele tratado, seja ele declaração, se o assunto for direitos

---

21 É aqui que o DIP se assemelha ao direito constitucional porque este também tem como essência, desde os finais do século XVIII, o cumprimento de duas funções: (i) a estruturação do Estado; (ii) a definição e a garantia de direitos fundamentais. Nesse sentido, a diferença entre o DIP geral e o direito constitucional tradicional é o espaço de incidência: (i) o direito constitucional tradicional estrutura a comunidade política nacional (pólis), o que significa dizer que as normas constitucionais tradicionais incidem no espaço doméstico do Estado soberano, e só nele; (i.1) o DIP geral estrutura a comunidade internacional (cosmópolis) à medida do consentimento dos Estados soberanos na construção do *mundus*; (ii) o direito constitucional tradicional define e garante os direitos fundamentais (ou direitos humanos) exclusivamente no espaço doméstico do Estado soberano; (ii.1) o DIP geral define e garante direitos humanos (ou direitos fundamentais) à medida do consentimento dos estados soberanos na construção do *mundus*. É em razão dessa semelhança que certos autores defendem que já existe um direito constitucional internacional (ou direito internacional constitucional), a exemplo de Cunha (2018), Pagliarini (2016b) e Boson (1996).

humanos; é por isso que a Declaração Universal dos Direitos Humanos (DUDH), adotada e proclamada pela Assembleia Geral das Nações Unidas (Resolução 217 A III) em 10 de dezembro 1948 (ONU, 1948), é um tratado internacional geral, o que não impede que haja tratado internacional particular de direitos humanos entre Brasil e Estados Unidos caso esses dois países resolvam, em um singular documento ratificado, que seus cidadãos não mais necessitarão de vistos para ingressar e permanecer (por dado tempo) nos territórios de um e de outro.

Ainda buscando uma definição para o DIP, na interpretação dos escritos de Rezek (2018) e de Pagliarini (2004), podemos reafirmar que o direito internacional é um conjunto de normas destinadas a criar, modificar e extinguir direitos na sociedade internacional formada por Estados soberanos e OI, postas pelos mecanismos constantes no art. 38 do Estatuto da Corte Internacional de Justiça (ECIJ)[22] e que se comunicam pelos modais deônticos da obrigação (O), da vedação (V) e da permissão (P).

Vistas as definições possíveis para o DIP e as questões correlatas constantes nas notas de rodapé, chega o momento de identificar os direitos humanos no DIP, e o melhor modo é

---

22 "Artigo 38. A Corte, cuja função é decidir de acordo com o direito internacional as controvérsias que lhe forem submetidas, aplicará: a. as convenções internacionais, quer gerais, quer especiais, que estabeleçam regras expressamente reconhecidas pelos Estados litigantes; b. o costume internacional, como prova de uma prática geral aceita como sendo o direito; c. os princípios gerais de direito, reconhecidos pelas nações civilizadas; d. sob ressalva da disposição do Artigo 59, as decisões judiciárias e a doutrina dos juristas mais qualificados das diferentes nações, como meio auxiliar para a determinação das regras de direito. A presente disposição não prejudicará a faculdade da Corte de decidir uma questão ex aequo et bono, se as partes com isto concordarem" (ONU, 1945).

identificá-los, em primeiro lugar, no direito constitucional. De fato, foi nas gerações dos direitos humanos no direito constitucional que ocorreu a conquista destes. Primeiro, as liberdades, os direitos individuais (Silva, 2007); depois, as coletividades, os direitos sociais (Silva, 2007); em seguida, as variações doutrinárias no sentido de identificar uma terceira geração, a dos direitos de solidariedade (fraternidade), tais como os econômicos, os difusos e coletivos e os ambientais (Rezek, 2018); uma quarta geração (Bonavides, 2020), a da redemocratização dos países europeus no pós-guerra e latino-americanos nos anos 1980-1990, com a inserção nas Constituições de mecanismos de democracia direta, tais como aqueles previstos no art. 14 da Constituição brasileira de 1988 (voto direto, plebiscito, referendo e iniciativa popular) (Brasil, 1988); uma quinta geração reconhecível na doutrina no estado de paz (Bonavides, 2020), principalmente após os ataques terroristas contra os Estados Unidos no ano de 2001; uma sexta geração (Fachin, 2015), que defende que o mundo só terá segurança se forem preservadas as nascentes de água.

Com muito respeito e reverência aos seus ilustríssimos autores, as críticas a essas seis gerações de direitos fundamentais já foram feitas anteriormente. Aqui, repetimos aquilo que já havia sido mencionado por Pagliarini e Dimoulis (2012), ou seja, que esse número de gerações ou dimensões é inflacionado e é preferível adotar a doutrina norte-americana, sempre mais minimalista, inclusive no que diz respeito à aplicabilidade da norma constitucional (Cooley, 1880).

Na matriz da ciência do direito constitucional português, discorrendo sobre os direitos fundamentais na história, Jorge Miranda (2016), que, além de direito constitucional, também leciona DIP, identifica cinco grandes diferenciações ocorridas em sucessivos períodos: (i) a distinção entre liberdade dos antigos e liberdade dos modernos, sendo a primeira fase a da liberdade dos antigos, consubstanciada na maneira de encarar a pessoa a partir do cristianismo; (ii) a liberdade dos modernos, que, ao contrário dos antigos, busca a realização da vida pessoal, e não o encarar da pessoa humana. Nesse sentido, Miranda (2016) subdivide a liberdade dos modernos em quatro fases, quais sejam: (ii.i) direitos estamentais; (ii.ii) direitos, liberdades e garantias; (ii.iii) direitos, liberdades e garantias e direitos sociais; (ii.iv) proteção internacional. Logo, para o pai[23] da Constituição portuguesa de 1976, são cinco as fases dos direitos fundamentais na história, somando-se os algarismos romanos *retro*, quais sejam: i + ii.i + ii.ii + ii.iii + ii.iv = 5 fases.

Sobre a diferença entre as terminologias *direitos humanos* e *direitos fundamentais*, no Capítulo 1 deste livro, dedicamo-nos às aproximações e aos distanciamentos entre essas duas expressões e outras, tais como *direitos humanos fundamentais, direitos individuais, direitos civis* ou simplesmente *direitos*. Lembramos

---

23 Jorge Miranda, membro da Assembleia Nacional Constituinte e principal mentor do Projeto de Constituição efetivamente promulgada em 1976, conforme se constata em Belchior (2013).

aqui que não consideramos cientificamente sustentável qualquer diferenciação entre direitos humanos e direitos fundamentais. Todavia, assumimos o custo de enquadrar os direitos humanos dentro da categoria genérica do DIP, fazendo-o mais para facilitar a leitura por parte do estudante, do investigador científico e do operador do direito. Nesse sentido, temos de fazer uma escolha, usaremos: (i) a expressão *direitos humanos* para o DIP; e (ii) a terminologia *direitos fundamentais* para o direito constitucional. Contudo, lembre-se de que tanto faz, direitos humanos ou direitos fundamentais, tudo é a mesma coisa; devemos compreender a essência dos direitos: direitos humanos ou direitos fundamentais querem dizer aqueles direitos, individuais ou coletivos, nacionais ou internacionais, que protegem o indivíduo e a coletividade em face da atuação opressora do Estado, da comunidade internacional de Estados e até de particulares enquanto elementos opressores.

No DIP, Rezek (2018) identifica o aparecimento dos direitos humanos e a respectiva proteção internacional no exato momento da aprovação, pela Assembleia Geral das Nações Unidas, da Declaração de 1948 (ONU, 1948). Tais normas têm estatura constitucional (Dupuy, 2014), hierarquia esta que, no Brasil, também é defendida por Pagliarini e Dimoulis (2012), Sarlet (2012) e Piovesan (2018).

Em decorrência da Declaração da ONU de 1948, as Nações Unidas e seus Estados-membros promoveram a ratificação, em 1966, dos Pactos das Nações Unidas sobre Direitos Civis e Políticos, Econômicos e Sociais.

Na Europa, a Convenção sobre os Direitos do Homem foi adotada em 1950, e a Carta de Direitos Fundamentais da União Europeia, que é um documento que contém disposições sobre os direitos humanos, foi proclamada solenemente pelo Parlamento Europeu, pelo Conselho da União Europeia e pela Comissão Europeia em 7 de dezembro de 2000. Em decorrência dessa estrutura, foi instaurada e existe até hoje, na cidade de Estrasburgo, França, a Corte Europeia dos Direitos do Homem, único tribunal do mundo em que o indivíduo – ou uma coletividade de indivíduos – tem legitimidade ativa para acionar os Estados-membros do tratado internacional que instituiu o tribunal, fator que – como já dissemos linhas atrás – não autoriza o exegeta a entender que o ser humano é sempre e em qualquer situação um sujeito de DIP.

Outro contexto regional de proteção internacional dos direitos humanos é aquele com sedes nas cidades de Washington (Comissão Interamericana de Direitos Humanos) e de São José da Costa Rica (Corte Interamericana de Direitos Humanos), instituído pela Convenção Americana sobre Direitos Humanos, concluída na capital da Costa Rica em 22 de novembro de 1969, a qual continua até hoje aberta para a adesão de todos os Estados-membros da Organização dos Estados Americanos (OEA). É de se destacar que esse tratado não foi ratificado até hoje pelos Estados Unidos e foi denunciado por Trinidad e Tobago em 1998 e pela

Venezuela – de Chávez – em 2012, e mesmo o Brasil só aderiu ao acordo em 1992 e passou a se submeter à jurisdição da Corte Interamericana em 2002.

Uma diferença entre o contexto interamericano de proteção aos direitos humanos e o europeu é a seguinte: o indivíduo ou a coletividade de indivíduos não tem acesso direto ao tribunal com sede em Costa Rica; a denúncia deve ser feita perante a Comissão que tem sede em Washington, podendo-se citar como exemplo o caso Maria da Penha (OEA, 2001). Caso o país não acate eventual relatório contra si desfavorável elaborado pela Comissão, daí sim a própria Comissão cuidará de denunciá-lo perante a Corte, o que significa dizer que, no contexto das Américas, o ser humano não tem legitimidade ativa perante o Tribunal de Direitos Humanos. Na Europa, ocorre diferentemente; lá, o indivíduo ou a coletividade de indivíduos tem acesso direto não só perante a Corte Europeia de Direitos Humanos, mas também ao Tribunal de Justiça da União Europeia, este com sede em Luxemburgo – como ocorreu na ação em que foi recorrente o jogador de futebol Jean-Marc Bosman (União Europeia, 1995).

Por fim, no que tange às estruturas regionais de proteção aos direitos humanos, o continente mais necessitado era e continua sendo a África. A Corte Africana de Direitos Humanos (Kosta, 2012), criada por acordo internacional em 2004 e cujo início de funcionamento se deu a partir de 2006 em Arusha, Tanzânia, é composta por 15 juízes. Apesar de o resultado do seu trabalho ainda ser incipiente – certamente por conta dos conflitos inter-regionais em toda a África –, tem-se esperança em um futuro auspicioso porque há países bastante tradicionais que se submetem à sua jurisdição, tais como Senegal, África do Sul e Argélia, entre outros.

Sobre a hierarquia do DIP à luz do próprio direito internacional e sobre a hierarquia do DIP especificamente perante o direito nacional brasileiro, há uma consistente doutrina que Pagliarini (2016) publicou em Portugal. Nesse sentido, há duas opiniões a aderir: a internacionalista pura (a do DIP nas relações internacionais entre países soberanos e entre estes e as organizações internacionais); ou a nacionalista/constitucionalista (a do DIP no Brasil – a partir do texto da Constituição de 1988). Ambas serão apresentadas a seguir.

— 3.9.1 —
A doutrina internacionalista pura (o DIP na Comunidade Internacional)[24]

Um juiz de uma Corte Permanente Internacional, ao julgar, por exemplo, um litígio entre Estados soberanos, deve aplicar o DIP, e não o direito do Estado "A" nem o do "B". Em uma comparação, é como age um ministro do STF: em caso de conflito de normas de dois estados da federação brasileira, ele deverá aplicar a Constituição e usá-la para resolver o impasse; aliás, para sua

---

24 Excerto também presente no artigo científico publicado por Pagliarini (2017). A Revista **ABDConst** é licenciada sob a Creative Commons Attribution 4.0 International License.

excelência, sempre a Constituição será o nexo de validade de todas as outras normas jurídicas produzidas domesticamente no Brasil. Nesse sentido, o direito internacional sempre terá preponderância hierárquica sobre os direitos nacionais; e tal afirmação, para um jurista internacionalista, é absolutamente provida de consistência lógica; caso contrário, não se terá DIP (ou seja, o DIP não poderá ser considerado como direito) e não mais serão necessários juízes internacionais, nem suas respectivas Cortes permanentes.

Caminhando nessa esteira hermenêutica, compreendam-se as lições de Kelsen. De fato, para Hans Kelsen, o direito internacional é direito, isso porque existe a sanção, ou seja, um ato de força socialmente organizado e autorizado oficialmente pela Comunidade Internacional, o qual se explicita na represália ou na guerra. Isso significa que, na hipótese de um Estado ver seus interesses (direitos) ofendidos por outro Estado, o ofendido poderá criar uma situação que, em condições normais, não seria permitida, reagindo, portanto, à violação provocada pelo outro Estado. Para o austríaco de Praga[25], a violação dos interesses entre os Estados constitui-se em um delito internacional – não devemos compreender aqui a palavra *interesse* egoisticamente, mas sim ler *interesses entre Estados* como expressão sinônima de *direitos estabelecidos entre Estados* e de algum modo violados. A reação ao delito é uma sanção, e sua aplicação é feita pelo próprio Estado

---

25 Kelsen nasceu em Praga, em 11 de outubro de 1881, época em que essa importante cidade de tantos intelectuais (Franz Kafka etc.) fazia parte do Império Austro-Húngaro.

ofendido, por faltar na Comunidade Internacional um órgão que seja encarregado dessa tarefa, como os existentes – órgãos de sanção! – nas ordens jurídicas nacionais.

Caso Estados litigantes estejam, entretanto, inseridos em uma mesma ordem jurídica – em uma OI –, podemos vislumbrar a aplicação da sanção pelo terceiro ente (a OI), e não pelo Estado cujo direito fora violado. Mas a regra é ainda a da falta de centralidade na Comunidade Internacional, isso por conta da inaplicabilidade do conceito de soberania estatal para o direito internacional. Inclusive, quanto à soberania, Kelsen realmente entendia que era um conceito que, se pudesse ser detectado cientificamente, só poderia ser aplicado ao DIP, e não às dezenas de ordens jurídicas nacionais. Ora, se a soberania quer dizer poder total, então como pode no mundo haver 193 poderes totais (193 é o número correspondente ao de Estados filiados à ONU)? O direito internacional, então, é uma ordem normativa das condutas humanas, obrigando pessoas, mediata ou imediatamente. No entanto, os destinatários imediatos das normas de DIP são só os sujeitos clássicos de DIP (estados e organizações internacionais); os indivíduos são destinatários mediatos, em regra.

Kelsen percebe que não há uma centralização da criação e da aplicação do direito na ordem jurídica internacional. Trata-se o DIP, segundo ele, de uma ordem jurídica primitiva, cujo último estágio de evolução tende para a formação de um Estado mundial, nos moldes dos estados nacionais contemporâneos. De qualquer modo, conclui Kelsen que o DIP é superior hierarquicamente aos direitos nacionais, razão pela qual se lhe dá a coroa de "rei do Monismo Jurídico", com o DIP no topo de uma só (daí o monismo) ordem jurídica chamada *direito*. Efetivamente, a tendência, até dos governos que ratificaram a Convenção de Viena sobre o Direito dos Tratados, é a de começarem a abrir suas soberanas portas para o entendimento de que o DIP é superior e deve ser aplicado, implementando-se, assim, maior centralidade ao direito internacional e fugindo-se, destarte, do primitivismo denunciado cientificamente por Kelsen.

Tal tendência é o que se depreende do preâmbulo da Convenção de Viena sobre o Direito dos Tratados, quando: (i) reconhece a importância cada vez maior dos tratados como fonte do direito internacional e como meio de desenvolver a cooperação pacífica entre as nações, quaisquer que sejam seus regimes constitucionais e sociais; (ii) constata que os princípios do livre consentimento e da boa-fé e a regra *pacta sunt servanda* são universais; (iii) proclama o respeito universal e efetivo dos direitos do homem e das liberdades fundamentais; (iv) afirma que as regras do direito internacional consuetudinário continuarão a reger as questões não reguladas na Convenção de Viena sobre o Direito dos Tratados. Por fim, aos olhos do DIP, para afirmar a superioridade deste sobre os direitos nacionais, assim estatuíram os seguintes dispositivos da Convenção recém-comentada:

- Art. 26: *Pacta sunt servanda*: "Todo tratado em vigor obriga as partes e deve ser cumprido por elas de boa fé" (Brasil, 2009a).
- Art. 27: Direito Interno e Observância de Tratados: "Uma parte não pode invocar as disposições de seu direito interno para justificar o incumprimento de um tratado" (Brasil, 2009a).

— 3.9.2 —
A doutrina constitucionalista
(o DIP no Brasil – a partir da CF/1988)

Essa doutrina é a dos muros, a egoísta, a que atende aos interesses unilateralistas dos Estados-membros. Aqui tomaremos o direito constitucional brasileiro como exemplo – poderíamos ter escolhido o francês –, mas veja o que consta na Carta Magna brasileira e quais foram suas opções.

No subcapítulo anterior, apresentamos o que o DIP pensa de si próprio. Agora, investigaremos a Constituição da República Federativa do Brasil de 1988 e, a partir dela, como o país se posiciona diante de eventual conflito entre norma de DIP e norma interna.

I. A regra geral é a de que tratados e leis federais se equivalem, pelo fato de ambas estarem submetidas ao controle de constitucionalidade (art. 102, inciso III, alínea "b") (Brasil, 1988). Assim, caso haja conflito entre tratado e lei, deve-se aplicar a norma mais recente, seja ela um tratado, seja ela uma lei – *Lex posterior derogat priori* ou, para os ingleses, regra *later in time*. O texto literal do art. 102, inciso III, alínea "b", da Carta Política em vigor é:

> Art. 102. Compete ao Supremo Tribunal Federal, precipuamente, a guarda da Constituição, cabendo-lhe: [...]
>
> III. julgar, mediante recurso extraordinário, as causas decididas em única ou última instância, quando a decisão recorrida: [...]
>
> b) declarar a inconstitucionalidade de tratado ou lei federal.
> (Brasil, 1988)

Nenhuma norma da Carta de 1988 autoriza os intérpretes a entender que tratados internacionais comuns são superiores às leis federais brasileiras. Com essa doutrina, concorda a Suprema Corte brasileira (Brasil, 1977a).

II. Mas nem todo acordo internacional apresenta, no Brasil, a mesma estatura hierárquica que a lei federal. Há quatro exceções de supralegalidade e uma de peso constitucional (referente aos tratados de direitos humanos), conforme exposto a seguir:

 II.i. **Tratados internacionais de direito tributário**: reza o art. 98 do Código Tributário Nacional (CTN) que "Os tratados e as convenções internacionais revogam ou modificam a legislação tributária interna, e serão observados pela que lhes sobrevenha" (Brasil, 1966). A exegese correta para esse dispositivo é a seguinte:

- trata-se o CTN de norma com estatura de lei complementar, tendo recebido tal *upgrade* pela Suprema Corte brasileira em razão de o Congresso Nacional, após a CF/1988, ainda não haver legislado complementarmente para normatizar as regras gerais de direito tributário – art. 146, inciso III (Brasil, 1988). Sobre o fato de o CTN ser norma complementar, enfatizamos que tal complementaridade é decisiva para que se possa fugir à regra geral de que tratados e leis, perante a CF/1988, são dotados da mesma hierarquia;

- sendo o tratado tributário posterior à lei tributária interna, o primeiro afasta a aplicabilidade desta;
- estando em vigor o tratado de direito tributário, deve o legislador nacional observar seus termos, a fim de que não positive projeto de lei tributária que venha afrontar os dispositivos do pacto preexistente. Mas, caso o legislador nacional insista na referida positivação doméstica, então deverão os aplicadores do direito afastar a aplicabilidade da lei brasileira posterior.

IIii. **Tratados sobre transportes internacionais**: está inscrito no *caput* do art. 178 da Constituição em vigor: "A lei disporá sobre a ordenação dos transportes aéreo, aquático e terrestre, devendo, quanto à ordenação do transporte internacional, observar os acordos firmados pela União, atendido o princípio da reciprocidade" (Brasil, 1988). Interprete-se: com a atual redação do art. 178, estabeleceu a Carta que a ordenação dos transportes aéreo, aquático e terrestre se dê por lei. Logo, a lei do Congresso Nacional deverá dispor sobre os assuntos elencados de maneira soberana. Entretanto, ressalvou o constituinte uma parte: a lei brasileira não poderá dispor ilimitadamente acerca da ordenação do transporte internacional. Assim, há dois regimes sobre ordenação de transportes:
- a lei interna disporá com ampla liberdade sobre a ordenação dos transportes nacionais em território brasileiro;

- a lei interna não disporá com ampla liberdade sobre a ordenação do transporte internacional, pois deverá respeitar os tratados internacionais.

IIiii. **Tratados de extradição**[26]: a norma infraconstitucional pátria que dita regras gerais sobre extradição é a Lei n. 13.445, de 24 de maio de 2017 (Brasil, 2017), conhecida como Lei de Migração (que veio substituir o Estatuto do Estrangeiro), sendo os tratados bilaterais os veículos introdutores de normas especiais de extradição – e, como se sabe, *Lex specialis derogat generali*. Portanto, as normas de tratado de extradição que obriga dois países podem ser inseridas no contexto normativo de lei especial. Já as normas constantes em um diploma legal interno que disponha sobre extradição são consideradas como inseridas em lei geral. Assim, em um pedido de extradição que os Estados Unidos aviarem ao Brasil, solicitando-lhe que entregue ao primeiro um cidadão que tenha sido condenado pela Justiça penal norte-americana, aplicar-se-á o tratado celebrado entre Brasil e Estados Unidos em 1965 – Decreto n. 55.750, de 11 de fevereiro de 1965 (Brasil, 1965a); afasta-se a aplicabilidade total só da Lei de Migração, nessa hipótese. Por outro lado, no

---

26 Os países com os quais o Brasil mantém tratados de extradição são: Angola, Argentina, Austrália, Bélgica, Bolívia, Canadá, Chile, China, Colômbia, Coreia do Sul, Equador, Espanha, Estados Unidos, França, Itália, Lituânia, Mercosul (que não é um país!) – e do Mercosul (do qual o Brasil faz parte) com Bolívia e Chile –, México, Paraguai, Peru, Portugal, Reino Unido e Irlanda do Norte, República Dominicana, Romênia, Rússia, Suíça, Suriname, Ucrânia, Uruguai e Venezuela (Brasil, 2021b).

cenário de um pedido de extradição aviado pelo Afeganistão ao Brasil, o STF o avaliaria à luz da Lei de Migração (e só dela!) – pela falta de tratado específico entre esses dois países –, devendo a reciprocidade operar como base jurídica do pedido, o que significa que só seria deferida a extradição se o Afeganistão prometesse acolher, em eventual caso inverso futuro, o pedido do Brasil, processando-o à luz de seu direito doméstico.

IIiv. **Tratados para a integração na América Latina**: consta na Carta da República, no *caput* do art. 4º, que

> Art. 4º A República Federativa do Brasil rege-se nas suas relações internacionais pelos seguintes princípios: [...]
>
> Parágrafo único. A República Federativa do Brasil buscará a integração econômica, política, social e cultural dos povos da América Latina, visando à formação de uma comunidade latino-americana de nações. (Brasil, 1988)

A exemplo do que se fez na União Europeia, desejou o constituinte originário de 1988 inserir o Brasil em um contexto mais internacionalizado, e, nesse caso específico do parágrafo único do art. 4º, em um verdadeiro contexto de direito comunitário. Assim, só podemos inferir que qualquer tratado internacional, ou normativa comunitária do Mercado Comum do Sul (Mercosul) ou da Associação Latino-Americana de Integração (Aladi), suplantará normas unilaterais brasileiras (leis) que disponham sobre as relações do Brasil com os demais países da América Latina. Só assim se alcançará uma integração econômica, política, social e cultural dos povos da América Latina, visando à formação de uma comunidade latino-americana de nações. Desse modo, a Constituição estará a ser respeitada.

III. **Tratados internacionais de direitos humanos – regras equivalentes, em termos hierárquicos, às normas constitucionais**[27]: são várias as razões que induzem os brasileiros a não terem dúvidas sobre a hierarquia constitucional dos tratados internacionais de direitos humanos de que o Brasil fizer parte, e esse entendimento já era possível antes da atabalhoada Emenda Constitucional n. 45, de 30 de dezembro de

---

27 Para o STF, os tratados internacionais de direitos humanos são superiores à lei federal (supralegalidade), mas inferiores à Constituição de 1988. Tendo em vista esse entendimento, surgiu a necessidade de o STF discutir o Tema n. 60, o qual deu ensejo à Súmula Vinculante n. 25 (Brasil, 2009d). No referido Tema n. 60, foram discutidos os julgamentos dados em inúmeros processos sobre a temática da prisão do depositário infiel e sobre a hierarquia dos tratados internacionais de direitos humanos. Alguns dos referidos julgados são: **RE n. 466.343**, Rel. Min. Cezar Peluso (Brasil, 2008e); **HC n. 95.967**, Rel. Min. Ellen Gracie (Brasil, 2008c). Nesse sentido, o STF editou a Súmula Vinculante n. 25: "É ilícita a prisão civil de depositário infiel, qualquer que seja a modalidade de depósito" (Brasil, 2009d). É louvável o teor dessa súmula porquanto acaba por proibir a prisão do depositário infiel. Todavia, nos julgamentos que foram invocados no Tema n. 60 para a edição dessa súmula, o STF mantém-se adepto do entendimento de que os tratados internacionais de direitos humanos são só maiores do que a lei, não do tamanho da Constituição. Os julgamentos que alimentaram o Tema n. 60 e a Súmula Vinculante n. 25 são, além dos referidos supra: **HC n. 87.585** e **HC n. 92.566**, relados pelo Ministro Marco Aurélio (Brasil, 2008a; 2008b); **RE n. 349.703**, relatado pelo Ministro Carlos Britto (Brasil, 2008d); **RE n. 716.101**, Rel. Min. Luiz Fux (Brasil, 2012b); **AI n. 277.940**, Rel. Min. Celso de Mello (Brasil, 2011); **ADI n. 5.240**, voto do Rel. Min. **Luiz Fux** (Brasil, 2016b); **PSV n. 54**, Rel. Min. presidente Ricardo Lewandowski (Brasil, 2015b).

2004 (Brasil, 2004). Nesse sentido, os raciocínios favoráveis são os seguintes[28]:

i. a partir da consideração de que a Constituição nasceu, por escrito e formalmente, no final do século XVIII para cumprir as funções de estruturar o Estado e de proclamar e garantir direitos fundamentais, só podemos inferir que normas de direitos humanos são normas materialmente constitucionais.

ii. O Preâmbulo da Constituição em vigor fala em "assegurar o exercício dos direitos sociais e individuais, a liberdade, a segurança, o bem-estar, o desenvolvimento, a igualdade e a justiça como valores supremos de uma sociedade fraterna" (Brasil, 1988). Isso significa que, antes de tudo, o Brasil do constituinte de 1988 é um país que deve primar pela observância ampla dos direitos fundamentais. Complementam e concretizam o que aqui é dito os seguintes dispositivos: art. 1º, incisos II, III e IV; art. 3º, inciso IV; art. 5º, parágrafos 1º, 6º, 7º, 8º, 9º, 10, 11, 12, 13, 14 e 15, entre vários outros mais específicos plasmados formalmente na Carta.

iii. No que tange às relações internacionais do Brasil, quis a Assembleia Nacional Constituinte de 1988 que esse país fosse regido, entre outros princípios, pelo da prevalência dos direitos humanos – art. 4º, inciso II (Brasil, 1988); **prevalência**... frise-se!

---

28 Excerto também presente no artigo científico publicado por Pagliarini (2017).

IIIiv. Desejamos, aqui, apelidar o parágrafo 2º do art. 5º de *janela aberta para a prevalência dos direitos humanos* e para a introdução de normas dessa espécie em nosso ordenamento. Por meio da interpretação dessa normativa, inferimos que o constituinte de 1988, humildemente, não desejou fechar o elenco de direitos fundamentais somente nos 78 incisos casuísticos do art. 5º. Deixou, destarte, a janela aberta para que também se possa considerar como normas de direitos humanos as provenientes de princípios constitucionais e de tratados internacionais. Isso significa que a Constituição criou três edifícios de peso constitucional para a construção dos direitos humanos com a mesma estatura e a mesma eficácia de seu próprio texto formalmente escrito. Os três edifícios constitucionais de direitos humanos são: (a) aqueles elencados enumeradamente na Carta; (b) os que os intérpretes da Constituição apontarem como decorrentes de princípios constitucionais de direitos humanos; (c) os que forem formalizados em tratados internacionais de que o Brasil fizer parte.

IIIv. A Emenda Constitucional n. 45 (Brasil, 2004) é inconstitucional! Isso porque criou uma dificuldade para os tratados internacionais de direitos humanos. A partir da referida emenda, tais tratados passaram a dever tramitar no Congresso como se fossem emendas constitucionais, e, como é sabido, antes da EC n. 45/2004, os tratados internacionais tramitavam pelo Congresso necessitando de maioria simples em sua votação única. Ora, criar um caminho – como criou a EC n. 45/2004 – que dificulte a caracterização e a execução de normas de direitos humanos, em um país de democracia tardia, é, para além da ignorância, má vontade e violação explícita ao preexistente art. 60, parágrafo 4º da Lei Maior, que, em português claro, prescreve que não deve ser objeto de deliberação proposta de emenda tendente a abolir (ou a diminuir o grau de abrangência dos) os direitos fundamentais. Entretanto, a EC n. 45/2004 criou norma formalmente constitucional, e enquanto não for derrubada pela Corte Suprema, deve ser aplicada. Daí, pergunta-se: E os tratados de direitos humanos que o Brasil ratificou antes da emenda em tela? A resposta é: são normas materialmente constitucionais, do mesmo modo, por se tratarem de normas de direitos humanos; são normas que, na época, seguiram o trâmite que existia (ato jurídico perfeito), o mesmo da votação da lei ordinária. Portanto, tais tratados são perfeitamente aceitáveis como normas de direitos humanos porque, apesar de naquele tempo serem votados no Congresso como leis ordinárias, na realidade – em sua substância material – já veiculavam normas materialmente constitucionais por serem tratados de direitos humanos. A afirmação é peremptória: tratados internacionais de direitos humanos têm hierarquia constitucional no sistema jurídico brasileiro pelas razões recém-expostas.

Diante do que foi exposto, concluímos: ou o direito internacional se mostra como um direito superior, ou então ele sempre estará sujeito aos unilateralismos das Constituições e dos Estados. De toda sorte, ambos, direito internacional e direito constitucional, muito mais se aproximam na teoria geral do direito (TGD) do que se afastam, e disso não há dúvida. Portanto, neste livro, opinamos pela superioridade hierárquica do DIP.

Capítulo 4

Alguns julgamentos da Corte Europeia de Direitos Humanos e da Corte Interamericana de Direitos Humanos

Este quarto capítulo resulta de investigações levadas a cabo juntamente com o doutor Fauzi Hassan Choukr e seu qualificado grupo de pesquisadores da FaCamp.

Somente dois julgamentos serão analisados, pois não há maior espaço para uma investigação mais aprofundada, dado o fato de este livro ser conciso. O assunto-chave será a **nacionalidade**, e isso servirá de parâmetro tanto para o julgamento europeu quanto para o americano. Antes, o que temos pesquisado (Pagliarini, 2006), doutrinária e genericamente sobre a temática da nacionalidade (que é um direito fundamental) e da supranacionalidade, terá espaço nas próximas linhas por se tratar de doutrina consolidada.

— 4.1 —

Nacionalidade

As concepções tradicionais classificam nacionalidade como o vínculo que liga alguém a um Estado, e cidadania como um *status* do nacional.

Ao tomarmos o Brasil como exemplo, teremos por base interpretativa a escrita do art. 12 da Constituição da República. A partir dessa normativa, concebemos que o Brasil adota majoritariamente o *ius soli*, um critério de determinação da nacionalidade segundo o qual brasileiro é quem nasce no território desse país, mesmo que filho de pais estrangeiros, exceto se estes estiverem a serviço – público – de seu país. Salientamos que o *ius soli* foi a preferência de todas as antigas colônias, tais como Brasil, Estados Unidos, Argentina e México, isso porque, caso elas não escolhessem o *ius soli*, jamais teriam o primeiro dos elementos essenciais do Estado, que é justamente o povo, e o povo formador de um Estado é o povo nacional daquele Estado; ou seja, tais países nunca seriam independentes, soberanias. Se é verdade que as antigas colônias adotaram primordialmente o *ius soli*, também é verdadeiro que suas metrópoles colonizadoras adotam, até os dias atuais, o *ius sanguinis*, critério de determinação da nacionalidade conforme o qual será nacional de dado país o filho do nacional daquele mesmo país soberano. É o que fazem todos os estados nacionais europeus e os do mundo antigo. Por exemplo, um filho de francês é francês não porque tenha nascido na França, mas porque é filho de francês, de modo que o filho de francês nato é também francês nato, não importando onde tenha nascido o infante.

Também o Brasil, apesar de ser país do mundo novo, adota suplementarmente o *ius sanguinis*, e isso ocorre:

- quando filho de brasileiro a serviço público do Brasil nasce no estrangeiro; ou,
- quando filho de brasileiro que não esteja a serviço público do país nasce igualmente no estrangeiro. Nesse caso, deve ser registrado como brasileiro nato no respectivo consulado, podendo, ainda, mais tarde, este nascido no estrangeiro, nessa mesma hipótese, se não tiver sido registrado no consulado, vir residir no Brasil a qualquer tempo de sua vida e, caso seja maior de 18 anos, optar pela nacionalidade brasileira.

Resumiremos, então, os três casos de brasileiros natos, de acordo com o inciso I do art. 12 da Carta da República em vigor (Brasil, 1988). Em português claro, são brasileiros:

I. os nascidos no Brasil;
II. os filhos de servidores públicos brasileiros cujos pais estejam em missão ou lotados em outro país;
III. os comuns, que não sejam filhos de pais brasileiros de "chapa branca", desde que registrados no consulado brasileiro ou desde que, vindo residir no Brasil, optem pela nacionalidade brasileira, nascendo a capacidade de opção definitiva aos 18 anos.

As outras questões constitucionais relevantes para a nacionalidade brasileira são:

- os privilégios dos portugueses, que são equiparados aos brasileiros naturalizados. Os portugueses não precisam naturalizar-se porque a nacionalidade portuguesa basta para que sejam equiparados aos brasileiros naturalizados;
- os privilégios dos originários de países lusófonos, idôneos moralmente, dos quais se exige residência no Brasil por apenas um ano;
- a possibilidade de naturalização brasileira aberta para qualquer pessoa de qualquer lugar do mundo, desde que comprove 15 anos de residência ininterrupta no Brasil, devendo-se ressaltar que terão de apresentar ficha limpa criminal;
- brasileiros natos e naturalizados são iguais para quaisquer fins e direitos, exceto para a exclusividade conferida ao brasileiro nato para ocupar os cargos de presidente e

vice-presidente da República, presidente da Câmara, presidente do Senado, ministro do STF, diplomata, oficial das Forças Armadas e ministro da Defesa. Afora isso, tudo podem os naturalizados.

A regra é a de que o brasileiro não perca sua nacionalidade brasileira. Mas há duas exceções:

- 1ª: a do naturalizado que tiver cancelada sua nacionalidade brasileira por sentença judicial transitada em julgado em virtude de atividade nociva ao interesse nacional. Essa exceção só se aplica ao brasileiro naturalizado;
- 2ª: quando o brasileiro adquire outra nacionalidade, mas há duas exceções: (i) quando ele adquire outra nacionalidade em virtude de reconhecimento de nacionalidade originária pela lei estrangeira; é o caso dos filhos, netos e bisnetos de italianos, portugueses, alemães, espanhóis, japoneses e franceses que são brasileiros natos ou naturalizados, mas que são (ou podem vir a ser) também de uma dessas nacionalidades pelo reconhecimento pelo modo originário de aquisição – leia-se: pelo nascimento; fulano nasceu filho de italiano, beltrana nasceu neta de alemão; (ii) quando um brasileiro se naturaliza adquirindo outra nacionalidade em virtude de imposição pela lei estrangeira como condição para lá fora continuar a gozar de direitos fundamentais.

Fecha-se, assim, o círculo de participantes na feitura da vontade da comunidade política brasileira. E cada país tem sua própria Constituição, com as regras específicas acerca do direito fundamental da nacionalidade.

Todavia, a concepção tradicional da nacionalidade parece não ter mais grande explicação em um mundo que se globaliza mais do que Sócrates jamais teria imaginado.

A esse respeito, de acordo com Pagliarini (2008, p. 222):

> Na construção da *polis* nacional, ao se afastar o estrangeiro residente num dado Estado soberano da feitura da vontade política neste mesmo Estado, comete-se segregação injusta: estrangeiros residentes, tanto quanto os nacionais, pagam impostos e se submetem ao sistema jurídico local, bem como aos buracos nas ruas e aos criminosos.

Segue o autor mencionando que "portanto, deveriam poder votar e ser votados" (Pagliarini, 2008, p. 222), desde que residentes, qualidade esta que a União Europeia já alcançou graças ao que começou a se desenrolar a partir da conclusão do julgamento do caso do jogador de futebol Jean-Marc Bosman, já referido nesta obra.

Ao se considerar a cidadania como um *status* do nacional – e só dele –, aceita-se que nacional no (e do) país "X" só possa ser o cidadão desse Estado X. Em esquema assim, três problemas surgem: (i) a dação de um vínculo e de uma identidade – nacionalidade – é atribuição exclusiva do Estado; (ii) os casos de apatridia – falta de nacionalidade – continuarão a promover a exclusão e a perseguição de populações inteiras – vejam-se os exemplos históricos dos curdos, ciganos, hebreus (antes de 1948) e palestinos (até hoje); (iii) não se promove uma quebra de paradigma jurídico deixando-se de fora as Nações Unidas das questões acerca da nacionalidade.

Esse terceiro problema, com a quebra da rigidez relacional-implicativa residente no trinômio Estado-nacionalidade-cidadania, poderia muito bem ser resolvido pela interferência normativa da ONU, que, em casos de apatridia, concederia à vítima desse mal uma alternativa que não fosse aquela da nacionalidade, mas a dação, pela própria ONU, de uma capacidade jurídica internacionalmente reconhecida de poder exercer no Estado em que fixasse residência, em toda a sua plenitude, todos os direitos políticos inerentes ao regime democrático[1]. Por óbvio, isso só vingaria mediante expresso consentimento dos Estados em tratados internacionais patrocinados pela ONU, o que é bem utópico, mas não juridicamente impossível.

Na construção da cosmópolis – comunidade internacional – pelo direito internacional público (DIP), a democracia não tem lugar bem definido, ou quase nem existe. Isso porque a sociedade internacional é um ente esparso e descentralizado, desprovido de uma identidade política calcada na nacionalidade de um povo e na soberania de um Estado independente. No DIP, participam da construção do acervo normativo os Estados soberanos – em relação bi e/ou multilateral – e as Organizações Internacionais (OI); é pela manifestação de consentimentos que

---

1 Excerto também presente em publicação de Pagliarini (2006).

se criam normas advindas de tratados, costumes, princípios e decisões – cf. art. 38 do Estatuto da Corte Internacional de Justiça (ONU, 1945). Da formação dessas partículas normativas elencadas no Estatuto da Corte da Haia não participa diretamente um povo transnacional, visto que a noção de povo tem se ligado à realidade jurídica da dação da nacionalidade pelo Estado e só pelo Estado nacional. Há duas soluções para tal déficit democrático:

- **1ª solução centralizadora**: que os Estados-membros da ONU mudem a Carta das Nações Unidas para estabelecer que suas normas de DIP têm força superior às dos Estados nacionais. Assim, estabelecida definitivamente a superioridade hierárquica do DIP em relação aos ordenamentos parciais dos Estados, seria possível o estabelecimento da seguinte regra: antes de alguém ser cidadão de um país pelo vínculo divisor da nacionalidade, este mesmo alguém seria um potencial cidadão do mundo, com garantias jurídicas. Nessa perspectiva transnacional de correção de déficit democrático, é evidente que a ONU – como centro mundial de produção de normas gerais e abstratas – necessitaria de um órgão deliberativo equiparado aos parlamentos nacionais, cujos membros seriam escolhidos pelos eleitores dos Estados-membros da ONU, e também por aqueles apátridas reconhecidos como cidadãos pela própria ONU. Para que tal situação encontrasse apoio na lógica da matemática e de uma democracia representativa internacional, as decisões teriam de ser tomadas por maioria e sem poder de veto reservado aos representantes dos Estados mais poderosos.

- **2ª solução não centralizadora**: aos que entendem utópica a solução anterior – e ela é mesmo! –, há outra: o déficit democrático do DIP seria resolvido por uma simbiose mais fortalecida entre DIP e direito constitucional nacional, em que os parlamentos nacionais promoveriam obrigatoriamente a participação indireta das populações dos Estados-membros. Nessa hipótese, os apátridas (*heimatlós*) continuariam sem representação. Apesar desse defeito, as Casas Legislativas nacionais serviriam também para a legitimação democrática em um contexto assemelhado ao que ocorre em uma federação. Mesmo nessa solução alternativa, a reformulação da ONU seria inevitável, com a necessidade de inserção de todos os Estados-membros nos órgãos decisórios, devidamente representados pelos chefes de Estado ou de governo, mas sempre respaldados em seus parlamentos na oportunidade da aprovação de tratados e na criação do DIP geral[2].

De acordo com Pagliarini (2006, p. 27):

> Identifica-se a primeira solução (a centralizante) com a doutrina monista radical; a segunda (não centralizante), com o monismo moderado – aquele que dá prevalência à realidade-parcial-estatal construtora da realidade-total-internacional. Por esta razão, a primeira solução é a mais indicada

---

2   Excerto também presente em publicação de Pagliarini (2006).

> [por um doutrinador kelseniano]. Num caso ou noutro, o embrião de uma sociedade internacional mais coesa e democrática transparece nos Direitos Humanos [...].

Aqui estamos a falar, como pano de fundo e assunto principal, acerca da nacionalidade, fator prévio básico para o exercício da cidadania e, consequentemente, da democracia. Ora,

> para que se estabeleça uma democracia internacional ou transnacional, os dogmas que influenciaram o Estado moderno devem ser superados. Os conceitos de povo e de cidadania devem ser desvinculados do de nacionalidade. Caso contrário, não se encontrará fórmula capaz de promover inserções que superem as barreiras do Estado nacional e do próprio DIP em sua feição – até agora – pouco democrática. (Pagliarini, 2008, p. 224-225)

Pagliarini (2008, p. 225, grifos do original) ainda afirma que:

> **Na construção da** cosmópolis pelo **Direito Constitucional Supranacional** – caso específico da União Europeia e do **Direito Comunitário europeu** –, o *déficit* democrático tem sido melhor superado do que no DIP clássico. Os dogmas que influenciaram o Estado moderno foram, de certo modo, superados.

Assim, "os conceitos de povo e de cidadania foram parcialmente desvinculados do de nacionalidade" (Pagliarini, 2008,

p. 225), como veremos no paradigmático caso Bosman, julgado pelo Tribunal de Justiça da União Europeia e no superior Tratado de Maastricht.

Para que se tenha ideia do impacto do caso Bosman e do posterior Tratado de Maastricht, há instituições comunitárias – supranacionais – que decidem por maioria, bem como uma espécie de governo tripartido que se evidencia na existência de órgãos comunitários, como o Tribunal de Justiça, a Comissão Europeia, o Parlamento Europeu (PE) e o Banco Central Europeu. Por isso, não causam estranheza as ideias de cidadania europeia, Poder Constituinte supranacional e até de Constituição Europeia. Reformulam-se conceitos e minimizam-se os impactos do Estado nacional e da nacionalidade sobre o exercício da cidadania, tudo em concordância com os tempos atuais que não desprezam a realidade de direito internacional e direito nacional imbricarem-se mutuamente, dando-se preferência ao primeiro sem que isso represente o corte do nexo comunicacional entre Estado e comunidade internacional, e sem que isso represente o esquecimento das ricas experiências aferidas a partir da constitucionalização nacional.

Pois bem, haverá, linhas adiante, espaço específico para a discussão a respeito da problemática anunciada, no qual dissertaremos sobre povo nacional e povo europeu. Nada impede, porém, que se façam digressões prévias, dando conta de que é possível a um holandês participar das eleições para o PE votando na Alemanha, em uma hipótese em que estivesse residindo lá, em um candidato à quota alemã ao PE, podendo o mesmo holandês, nessa hipótese, até candidatar-se ao cargo de prefeito de Berlim, se é na capital tedesca que ele reside. Com esse singelo exemplo, podemos concluir que a Europa superou a exclusividade da participação política no território do Estado nacional, ao nacional deste. Assim, não é errado afirmar que já se detecta na Europa uma espécie de cidadania europeia – supranacional, comunitária e/ou *après l'État-nation*[3] (Habermas, 2004).

No direito constitucional moderno, que parece estar superado no caso da construção europeia, tem-se o Estado-nação, o qual tem sido construído por aquilo que o Poder Constituinte originário delineou no Texto Constitucional local. Essa Carta Magna moderna se refere ao e faz com que suas normas incidam sobre o sistema territorial de um-só povo, num-só território, povo este que será o detentor da titularidade de uma-só soberania, qualidade de um poder consentido e referente a uma-só realidade nacional. Isso tudo está certo porque diz respeito ao tempo e ao espaço do direito constitucional moderno (que foi do século XVIII ao pós-Segunda Guerra).

Contudo, nada disso pode impedir que se faça possível o exercício de um Poder Constituinte internacional ou supranacional, poente de uma realidade sistemática que organizará, de modo unionista, várias comunidades políticas, e não só uma; vários territórios, e não só um; vários povos, e não só o nacional. Não prestaram atenção, os críticos de um Poder Constituinte europeu,

---

3   Do Estado pós-nacional (tradução nossa).

ao seguinte fato: sempre aceitaram como Poder Constituinte originário a latência sociopolítica poente de uma Constituição e de um Estado, mesmo que tal poder seja o responsável pela positivação, via outorga autoritária, de uma Constituição e, consequentemente, de um Estado, caso em que não se verifica a democracia como pano de fundo. Acabam por aceitar, os constitucionalistas tradicionais, até o exercício secundário do poder reformador, modificando, em vários casos, aquilo que foi posto como imodificável pelo próprio Poder Constituinte originário do Estado nacional.

Tudo bem, está certo, realmente o Poder Constituinte originário, no âmbito do Estado nacional, pode ser exercido por um grupo revolucionário que venha a representar os **fatores reais de poder** de Ferdinand Lassalle (2014). Mas o que se espera desse grupo revolucionário é que convoque, pelo menos, alguma espécie de Assembleia Nacional que elaborará uma Carta. No entanto, isso não ocorre com frequência, sendo exemplos as próprias Constituições brasileiras de 1824 e de 1937 – lembrando que a primeira teve trabalhos prévios elaborados por um grupo constituinte, que, na realidade, para nada serviram, uma vez que o imperador D. Pedro I dissolveu a Assembleia e outorgou a Carta que quis. O paradoxal, nesse relato, é o seguinte: Não é verdade que a Constituição moderna nasceu para racionalizar o exercício do poder e estruturar o Estado? Não é verdade que a Carta da modernidade nasceu para, além disso, garantir o acesso de outros, que não o filho do rei, ao poder, instituindo, por isso, o Estado Democrático de Direito? Não é verdade que a ciência do direito constitucional moderno tem como pano de fundo o princípio democrático? E, mesmo assim, não é verdadeira a assertiva de que a Constituição tem servido a regimes autoritários de esquerda e de direita?

Diante desses questionamentos, percebemos que a Constituição, um instrumento inicial de liberdade e de democracia, tem servido, algumas vezes, para que os déspotas possam justificar a "legalidade" de seus governos. Tornou-se, por isso, a Carta Política, uma fórmula desvinculada de sua natureza inicial, que é a da participação popular. Isso provocou, nas "psiques coletivas" dos eleitorados, uma verdadeira aversão à política formal e um sentimento de impotência, porquanto as autoridades fazem o que querem porque tudo e qualquer coisa são postos sob o abrigo de uma "Constituição". "Mas está tudo bem, pois existe Constituição", diriam também os interessados diretos na manutenção da doutrina clássica sobre o Poder Constituinte e sobre a própria Constituição. Ora, isso não pode ser assim: nada está bem se não há democracia! Nada está bem se não há um espírito humanitário! Nada está bem se não há direitos fundamentais garantidos! Isso já foi dito, mas nada impede que seja repetido: a Constituição moderna nasceu para cumprir dois papéis: o de racionalizar o exercício do poder e, concomitantemente, estruturar o Estado (como comunidade política) moderno; e o de proclamar e garantir os direitos fundamentais. Nisso tudo, a questão da nacionalidade é absolutamente crucial.

No direito constitucional moderno, em decorrência do papel a ser cumprido pela Constituição, passou-se a poder identificar o que os doutrinadores chamam de *Constituição material*. Qual é, então, o material substancialmente constitucional? São aqueles dois. No caso da construção da União Europeia, os governos de 27 estados europeus (já retirado o Reino Unido), desde o final da Segunda Guerra Mundial, vêm comunitarizando o espaço do Velho Continente: isso é verdadeiro.

Os povos (nacionais) dos estados europeus, nesse período, vêm aderindo a tais mudanças e se submetendo às regras europeias: isso é fato. Com essas duas verdades, é certo dizer que se tem notado na Europa, durante todo esse espaço de tempo, a estruturação pacífica de uma comunidade política hoje chamada União Europeia, cujos poderes são racionalizados em uma existente – confusa, mas ainda existente – estrutura orgânica: Parlamento Europeu, Tribunal de Justiça Europeu, etc. Do mesmo modo, os governos europeus, em momentos e âmbitos de abrangência distintos, positivaram documentos proclamadores de direitos fundamentais, havendo dois espaços jurisdicionais para o julgamento de condutas ofensivas aos direitos humanos; um específico em Estrasburgo, e outro também responsável pelo julgamento de casos assim: a Corte de Luxemburgo[4]. Nas duas cortes, a questão da nacionalidade já foi amplamente discutida em julgamentos como aquele que comentaremos a seguir.

---

4   Excerto também presente em publicação de Pagliarini (2008).

Está identificado um substrato constitucional, não referente a um Estado nacional, mas partido de uma realidade comunitária e supranacional. É correto então afirmar que já há material constitucional que vem sendo produzido na Europa desde o final da Segunda Grande Guerra. Havendo material constitucional europeu, detectam-se, consequentemente, o vigor de uma espécie de direito constitucional consuetudinário europeu. Por isso, afirma-se que a Europa já tem uma Carta costumeira, a exemplo da inglesa, adicionando-se a essa cultura constitucional comunitária europeia o cosmopolitismo, o humanismo, o greco-romanismo e o judaico-cristianismo como elementos fundamentais. Logo, perguntamos: O que poderia impedir a formalização de uma Constituição europeia[5]? Vimos que não deu certo a experiência, muito mais por conta dos referendos da França e da Holanda que não promulgaram a Constituição europeia em razão de problemas internos desses dois países nos momentos dos referendos dados em 2005, tendo sido decisiva a confusão feita por socialistas ao classificarem erroneamente a globalização europeia com o que eles chamam de *neoliberalismo*.

Se, por um lado, no Estado nacional os conceitos de democracia e direitos humanos chegam a se confundir e a se amparar mutuamente na construção da realidade da pólis, há intercorrências também detectáveis entre democracia e direitos fundamentais no DIP e no direito comunitário na construção da

---

5   Excerto também presente em publicação de Pagliarini (2008).

cosmópolis. Graças à identificação do Estado nacional, em seus quadrantes foi possível um exercício mais eficaz da democracia. Por outro lado, por conta da descentralização da comunidade internacional, em sua fragmentação foi possível uma previsão mais eficaz de direitos humanos que fez renascer o próprio conceito de *ius cogens* e o clamor pela efetividade – e inafastabilidade – do DIP. Nos dias atuais, são reclamadas com igual intensidade a concretização da democracia e a dos direitos humanos no Estado e na comunidade internacional[6].

A questão da nacionalidade, para os direitos fundamentais e para a democracia, é de primeira ordem, razão pela qual, a seguir, analisaremos um julgado de direitos humanos sobre nacionalidade pelo Tribunal de Justiça da União Europeia e um julgado sobre nacionalidade pela Corte Interamericana de Direitos Humanos. Queremos aqui justificar que, nas linhas anteriores, o direito comunitário europeu foi vedete porque só na União Europeia foi alcançado o que se chama de *supranacionalidade*, o que não desmerece a OEA e sua Corte Interamericana de Direitos Humanos, lembrando que, se a União Europeia se marca pela supranacionalidade, as Américas são caracterizadas, ainda, pela intergovernamentalidade, e esta é muito menos efetiva do que a supranacionalidade europeia.

---

6   Excerto também presente em publicação de Pagliarini (2006).

— 4.2 —
Tribunal de Justiça da União Europeia – caso Bosman

Jean-Marc Bosman era um jogador de futebol que, durante a carreira, não frequentou as esquadras mais campeãs e ricas da Europa. Ao final do término de seu contrato com o RC Liège (clube belga, como Bosman), a equipe lhe propôs renovação, mas com significativa redução salarial e de prêmios. Tentou-se a transferência dele para o Dunquerque, da França, a qual não se efetivou porque o RC Liège alegou falta de acordos com o clube gaulês, tendo pedido à Federação belga a suspensão de Bosman, o que fez com que os franceses desistissem definitivamente da contratação. Bosman, então, ajuizou ação contra o RC Liège no Tribunal de 1ª Instância de Liège.

Depois do imbróglio relatado, Bosman, com a carreira extremamente prejudicada, jogou por pouco tempo em clubes inexpressivos da segunda divisão francesa, depois da Ilha da Reunião (no Índico) e da terceira divisão belga.

O caso Eric Bosman envolve dois assuntos, quais sejam: transferência e nacionalidade. A transferência ocupou mais a mídia e revolucionou as regras mundiais de transferência de futebolistas. Contudo, o que nos interessa aqui é a questão da nacionalidade pelo fato de ser esta um direito fundamental. Logo, aqui terá espaço a questão da nacionalidade, exclusivamente.

A ação foi julgada pelo Tribunal de Justiça Europeu, com sede em Luxemburgo, e teve grande repercussão internacional, em virtude tanto dos questionamentos acerca de transferência quanto das discussões acerca de nacionalidade e de paridade de tratamento entre nacionais de países-membros da Comunidade Europeia. Discutia-se, então, o art. 48 (atual art. 39) do Tratado de Roma (Uniao Europeia, 2002).

Questionava-se, no Tribunal de Luxemburgo, se o art. 48 se aplicava ao caso Bosman, e a resposta foi que sim no que se refere às cláusulas de nacionalidade do Tratado que eram afrontadas pelos regulamentos de futebol, sobretudo no que diz respeito a quotas de estrangeiros nas equipes europeias. Detectou a Corte que, de fato, havia tratamentos diferentes para jogadores nacionais e jogadores estrangeiros provenientes de um Estado-membro da então Comunidade Econômica Europeia (CEE), e essa questão violava a regra da livre circulação de trabalhadores. Em razão dos regulamentos discriminatórios, era possível que um jogador comunitário não fosse contratado por um clube porque já teria a equipe ultrapassando os limites regulamentares. Reiteramos que os regulamentos de que falamos aqui são os das federações de futebol.

Renovando jurisprudência anterior, o Tribunal de Justiça Europeu entendeu que todas e quaisquer barreiras à livre circulação de trabalhadores entre os nacionais dos Estados-membros da Comunidade, mesmo que não discriminatórias, deviam ser punidas. Era nesse sentido que prescrevia o Regulamento n. 1.612/68, de 15 de outubro de 1968, do Conselho da Comunidade Econômica Europeia, atinente à livre circulação de trabalhadores na Comunidade, publicado no *Jornal Oficial* da CEE n. L 257, de 19 de outubro de 1968 (União Europeia, 1968).

Eric Bosman, um jogador insignificante de times menores, era um trabalhador exemplar na busca pelos direitos fundamentais. Lutou contra gigantes como a Federação Internacional de Futebol (Fifa), a União das Federações Europeias de Futebol (Uefa), as federações futebolísticas nacionais e até contra governos. Venceu em todos os níveis e revolucionou o regime europeu e mundial de transferências e – é isso o que nos importa! – a questão da cidadania supranacional europeia decorrente do reconhecimento de que os nacionais dos países-membros da Comunidade se equivalem, devendo-se, portanto, respeitar a livre circulação de trabalhadores entre os Estados-membros daquilo que viria a ser a União Europeia. Podemos, inclusive, afirmar que essa decisão do Tribunal de Justiça Europeu influenciou a escrita do posterior Tratado de Maastricht, que, como norma geral e abstrata reconhecida pelos Estados-membros e pela própria União Europeia, estabeleceu comunitariamente a supranacionalidade, de uma vez por todas.

— 4.3 —
Corte Interamericana de Direitos Humanos – caso das crianças Yean e Bosico *vs*. República Dominicana

Em 11 de julho de 2003, a Comissão Interamericana de Direitos Humanos ajuizou perante a Corte Interamericana de Direitos Humanos (CIDH) uma ação judicial internacional contra a República Dominicana. Fê-lo com base no art. 61 da Convenção Americana, com o objetivo de que a Corte declarasse a responsabilidade internacional da República Dominicana pela violação aos arts. 3º (direito ao reconhecimento da personalidade jurídica), 8º (garantias judiciais), 19 (direitos da criança), 20 (direito à nacionalidade), 24 (igualdade perante a lei) e 25 (proteção judicial) da Convenção Americana, em conexão com os arts. 1.1 (obrigação de respeitar os direitos) e 2º (dever de adotar disposições de direito interno) do tratado internacional, em detrimento das crianças Dilcia Oliven Yean e Violeta Bosico Cofi, quanto aos "fatos ocorridos e aos direitos violados desde 25 de março de 1999, data na qual a República Dominicana reconheceu a competência contenciosa da Corte" (OEA, 2005).

A Comissão argumentou que o país em questão negou às crianças a emissão de suas certidões de nascimento, apesar de elas terem nascido em seu território e de que a Constituição dominicana estabelece o princípio do *ius soli* para determinar sua nacionalidade. O órgão afirmou que a ré obrigou as crianças a permanecerem em situação de demorada ilegalidade e vulnerabilidade social, transgressões estas que se consideram ainda mais gravosas se levarmos em conta que Yean e Bosico, ao fim e ao cabo, são menores de idade, mostrando-se indiscutível que a República lhes tenha negado o direito à nacionalidade as tenha mantido na desumana condição de apátridas (sem nacionalidade) até o dia 25 de setembro de 2001 (OEA, 2005).

Segundo a Comissão, a criança Bosico não pôde frequentar a escola por um ano inteiro em razão da falta de documentos. Ademais, agravava a situação

> a inexistência de um mecanismo ou procedimento para que um indivíduo apele de uma decisão do Registro Civil perante o Juiz de Primeira Instância, bem como as ações discriminatórias dos funcionários do Registro Civil, que não permitiram às supostas vítimas obterem suas certidões de nascimento, são igualmente alegadas pela Comissão como violações a determinados direitos consagrados na Convenção. (OEA, 2005, p. 2)

Além disso, a autora da ação solicitou à Corte que ordenasse ao Estado conceder uma reparação que representasse "uma plena satisfação pelas supostas violações de direitos ocorridas" (OEA, 2005, p. 2) em detrimento daquelas duas crianças, bem como pediu que a República adotasse as medidas legislativas (ou equivalentes) necessárias para garantir o respeito aos direitos consagrados no Pacto de São José da Costa Rica e estabelecesse "diretrizes que contenham requisitos razoáveis [e não discriminatórios] para o registro tardio de nascimento" (OEA, 2005, p. 2) para facilitar a aquisição de documentação pelos pais e tutores das crianças dominicanas e também das haitianas. Por fim, a autora requereu à Corte que ordenasse à República pagar os custos e gastos resultantes da tramitação das ações e dos procedimentos na jurisdição dominicana e nos órgãos do sistema interamericano (OEA, 2005).

O Tribunal de São José da Costa Rica decidiu, por unanimidade, que:

I. A República violou os direitos à nacionalidade e à igualdade consagrados nos arts. 20 e 24 da Convenção Americana, em relação ao art. 19 da mesma Convenção, e também em relação ao art. 1.1 desse instrumento, em detrimento das crianças Dilcia Yean e Violeta Bosico.

II. A República transgrediu os direitos ao nome e ao reconhecimento da personalidade jurídica consagrados nos arts. 3º e 18 da Convenção, em relação ao art. 19 da mesma Convenção e também em relação ao art. 1.1 desse instrumento, em detrimento das crianças Dilcia Yean e Violeta Bosico.

III. A República infringiu o direito à integridade pessoal consagrado no art. 5 do Pacto de San José, em relação ao art. 1.1 do mesmo documento, em detrimento das senhoras Leonidas Oliven Yean, Tiramen Bosico Cofi e Teresa Tucent Mena.

Decidiu também a CIDH que:

I. A República Dominicana deveria publicar, no prazo máximo de seis meses, contado a partir da notificação da sentença, no Diário Oficial e em outro jornal de circulação nacional, ao menos uma vez, tanto a seção denominada "Fatos Provados" quanto os pontos resolutivos da sentença internacional prolatada pela CIDH.

II. A República Dominicana deveria realizar um ato público de reconhecimento de responsabilidade internacional e de pedido de desculpas às vítimas Dilcia Yean e Violeta Bosico, e a **Leonidas Oliven Yean, Tiramen Bosico Cofi e Teresa Tucent Mena**, em um prazo de seis meses, com a participação de autoridades estatais, das vítimas e de seus familiares, bem como dos representantes e com difusão nos meios de comunicação (rádio, imprensa e televisão). O referido ato teria efeitos de satisfação e serviria como garantia de não repetição.

III. A República Dominicana deveria adotar em seu direito interno, dentro de um prazo razoável, de acordo com o art. 2º da Convenção Americana, as medidas legislativas, administrativas e de qualquer outro caráter que fossem necessárias para regulamentar o procedimento e os requisitos exigidos para se adquirir a nacionalidade dominicana, mediante o registro tardio de nascimento. Esse procedimento deveria ser simples, acessível e razoável, considerando que, de outra forma, os solicitantes poderiam permanecer na condição de apátridas. Ademais, deveria existir um recurso administrativo efetivo para os casos em que fosse negado o requerimento.

IV. A República Dominicana deveria pagar, a título de indenização por dano imaterial, as quantias fixadas na sentença às crianças Dilcia Yean e Violeta Bosico.

V. A República Dominicana deveria pagar, a título de custas e gastos gerados nos âmbitos interno e internacional perante o sistema interamericano de proteção dos direitos humanos, a quantia fixada no parágrafo 250 da sentença às senhoras Leonidas Oliven Yean e Tiramen Bosico Cofi, que então realizariam os pagamentos ao Movimiento de Mujeres DomínicoHaitianas (MUDHA), ao Centro pela Justiça e o Direito Internacional (Cejil) e à International Human Rights Law Clinic, School of Law (Boalt Hall), University of California, Berkeley, para compensar os gastos por eles realizados.

VI. A Corte supervisionou o cumprimento integral da sentença e deu o caso por encerrado.

Capítulo 5

Processo constitucional

O Brasil é um país de democracia tardia e, consequentemente, de muitas Constituições. Para compreendermos a situação do nosso direito processual, lembremo-nos de que a Carta Política que por mais tempo durou foi a de 1824, dos tempos do Brasil imperial. Logo, pouco ou nada se falava em direito processual constitucional no passado. O assunto só passou a ter acolhida constitucional após a positivação da Constituição de 1891. Foi a partir dela que a fiscalização da constitucionalidade das leis passou a ter destaque, bem como dos instrumentos de garantia dos direitos fundamentais.

Nas seções que seguem, estudaremos a área do direito processual constitucional brasileiro. Mas o que é o direito processual constitucional? Em resposta, afirmamos que é o ramo específico do direito processual que fiscaliza a constitucionalidade (conformidade) das leis tendo por parâmetro as normas da Carta Magna que dispõem sobre as ações constitucionais. O assunto dos precedentes judiciais e da influência do direito romano (lusitano, germânico e francês) evidenciará que o Brasil atual não adotou, de forma alguma, o direito processual constitucional de tradição anglófona, conhecido pelo nome *common law*.

— 5.1 —
Introdução ao sistema brasileiro de controle de constitucionalidade e direito comparado

José Alfredo de Oliveira Baracho (2008), professor catedrático da Universidade Federal de Minas Gerais (UFMG), foi o brasileiro responsável pelos primeiros e mais aprofundados estudos sobre direito processual constitucional, que se apresenta como ciência jurídica composta pela descrição: (i) do controle de constitucionalidade; (ii) das ações ou remédios constitucionais, que são os instrumentos processuais para a garantia do pleno gozo dos direitos fundamentais.

Em um primeiro momento, o Brasil se espelhou nos Estados Unidos para adotar o controle difuso de constitucionalidade. Depois, incorporou ao sistema nacional o controle europeu, chamado de *concentrado*, inspirado em Hans Kelsen e na Constituição da Áustria.

Nas próximas linhas, a técnica da ciência descritiva adotada neste livro será modificada. Tudo ficará mais fácil e esquematizado. Comentaremos pontos enumerados para que o estudo fique bem mais claro aos leitores. A didática norteará os escritos a fim de que os operadores do direito possam entender o controle de constitucionalidade do Brasil e, sobretudo, manusear no fórum os remédios constitucionais como o *habeas corpus*, o mandado de segurança e os demais.

Os precedentes judiciais no direito anglo-saxônico (*common law*): uma tradição deles

A tradição do *common law* é inglesa, e não – de modo algum – do sistema brasileiro, apesar de sempre ter havido influências recíprocas, as quais não transformaram a tradição inglesa e norte-americana em *civil law*, muito menos o Brasil em *common law*.

Ao longo do desenvolvimento do direito anglo-saxônico, foi-se construindo a realidade sistemática por meio de uma ativa participação judicial. Isso não quer dizer que, nos Estados Unidos ou na Inglaterra, as decisões judiciais são mais acatadas do que no Brasil. Os sistemas são distintos.

A origem da *common law* é a Inglaterra e, traduzindo a significação da expressão para o português (= direito consuetudinário e/ou direito comum), temos que: (i) primeiro, o Reino Unido superou o feudalismo antes da Europa continental, verificando-se um Estado unificado e moderno que se estabeleceu mais de cinco séculos antes da França, por exemplo. Até hoje, não tem uma Constituição escrita, razão pela qual o direito constitucional britânico é conhecido pela alcunha consuetudinário. *Consuetudinário* significa "costumeiro", e *common* também quer dizer, simplesmente, "comum". Isso não significa que a Inglaterra é desprovida de um direito constitucional e de uma Constituição: esta é costumeira, consuetudinária, ou seja, foi sendo construída conjuntamente pelos atos normativos constitucionais (esparsos, não positivados em bloco em um-só código ou em uma Constituição escrita e promulgada) desde o Rei João

Sem Terra até o Parlamento de hoje; (ii) segundo, as normas infraconstitucionais parlamentares existem, mas não é praxe a codificação delas. Isto é: há leis, mas elas ganham vivacidade no processo de aplicação pelos magistrados, e isso vale tanto para o Reino Unido quanto para os Estados Unidos; (iii) os Estados Unidos têm uma Constituição escrita estável desde 1787. Logo, o direito constitucional dos *yankees* existe, e por escrito. Tanto quanto a Inglaterra, os Estados Unidos também são dotados de leis nacionais, estaduais e locais aprovadas pelas respectivas Casas Legislativas, e ainda mais do que os ingleses, os norte-americanos ativaram o Judiciário local com amplos poderes, não para desprezar a lei geral e abstrata, mas para aplicá-la e criar precedentes a serem seguidos como parâmetros de vivacidade que tornam as decisões judiciais mais objetivas do que as leis; (iv) o *common law* teve de ser inventado em virtude do protagonismo inglês de ter superado, antes dos outros países europeus, o feudalismo. É essa a razão pela qual o descumprimento de um contrato nos países anglófonos é muito mais grave do que no Brasil.

Foi na tradição anglófona que surgiu aquilo que chamam de *stare decisis*, expressão em latim que se traduz como *respeitar as coisas decididas e não mexer no que está estabelecido*, utilizada no direito para se referir à doutrina segundo a qual as decisões de um órgão judicial criam precedente (jurisprudência) e vinculam as que vão ser emitidas no futuro. A frase vem de uma locução mais extensa: *stare decisis et non quieta movere*. Essa doutrina é característica do *common law*. Espelha ela a adoção da teoria do **realismo jurídico**.

A falta de força obrigatória dos precedentes judiciais na *civil law* – tradição brasileira, romana, lusitana e franco-germânica

A tradição brasileira, romana, lusitana e franco-germânica seria mais bem compreendida se utilizasse simplesmente a simplicidade, dizendo-se que *somos do ramo romano* ou *somos do ramo lusitano* ou *somos do ramo franco-germânico*. Isso tudo é a mesma coisa. Não era preciso chamar o sistema brasileiro de *civil law*; o Brasil não necessita nem nunca necessitou de tamanha anglofonia. Mas o que significa dizer que o Brasil é assim (de tradição romana, lusitana, francesa e alemã)? Ora, historicamente quer dizer muita coisa, e muito ainda a respeito da tripartição dos poderes em solo nacional.

Não há país no mundo com uma tripartição mais aguçada que o Brasil. Apesar das mazelas conhecidas, aqui as atribuições típicas de cada poder ficam a cargo do poder, e não do outro. É verdade que houve tempo em que preponderou o Executivo; e hoje se verifica um protagonismo do Judiciário, talvez por inércia dos outros dois, o que não significa, de modo algum, que o Brasil se tornou um país de *common law*.

Em países como Brasil, Portugal, Itália, França e Alemanha – até o Japão é assim –, há a Constituição, as leis e os juízes.

É evidente que ao juiz contemporâneo desses é dado interpretar. Mas o que devem interpretar são as normas gerais e abstratas que devem ser utilizadas pelo magistrado na promoção da subsunção, a qual só ocorre pelo trabalho judicial, não querendo isso dizer que o juiz pode interpretar a lei, os tratados internacionais e a Constituição fugindo da primeira regra hermenêutica, que é a da literalidade. É depois de ler e entender a norma geral e abstrata que o juiz passará para a interpretação sistemática e criará a norma individual e concreta para a especificidade do caso que está a analisar. E sua decisão fará coisa julgada, sim; mas não se tornará, nem se confirmada pela segunda instância, em norma geral e abstrata, em precedente, como ocorre, por exemplo, nos Estados Unidos.

As poucas normas que autorizam o Judiciário brasileiro a se servir de precedentes, constantes no Novo Código de Processo Civil (Brasil, 2015a), não servem, de forma nenhuma, para autorizar o hermeneuta a dizer que, com o advento do Novo CPC, o Brasil já é um país que teria aderido à prática anglófona da aplicação dos precedentes como se normas gerais e abstratas fossem. Não é assim, e quem assim defende provavelmente se posiciona a favor de um protagonismo judicial que não consta em nenhuma norma da Carta de 1988.

Não serve tampouco para autorizar o doutrinador brasileiro a defender que o Brasil simplesmente se tornou um país dos precedentes o fato de aqui o controle concentrado de constitucionalidade e a repercussão geral do controle difuso terem sido postos no ordenamento pátrio e estarem em prática.

Em suma, tenha-se em mente, sem qualquer sombra de dúvida, que o Brasil é do *civil law*. E já que falamos em controle de constitucionalidade, segue um quadro sinótico para melhor compreensão visual. Aliás, doravante os quadros sinópticos serão como as lousas das salas de aula que são preenchidas por nossos professores.

A defesa da Constituição no direito constitucional comparado: controle de constitucionalidade

a. Origem nos Estados Unidos

b. A Constituição da Áustria e a influência de Hans Kelsen

c. O sistema híbrido (misto) de controle de constitucionalidade no Brasil, pelos juízes, pelos tribunais e pelo guardião da Carta, que é o STF: Estados Unidos + Europa

Quadro 4.1 – Comparação dos modelos dos Estados Unidos e da Europa

Controle de constitucionalidade nos Estados Unidos	Concreto	Incidental	Difuso
Controle de constitucionalidade na Europa	Abstrato	Direto	Concentrado

Ressaltamos que os dois modelos nomeados são adotados pela Constituição brasileira de 1988.

Modalidades de controle repressivo de constitucionalidade no Brasil perante o Poder Judiciário

a. **Controle difuso (concreto, incidental):** legitimidade ativa para as partes litigantes arguirem, incidentalmente, a inconstitucionalidade de lei ou ato normativo; também têm legitimidade ativa o próprio juiz (*ex officio*) e o Ministério Público. Nesse tipo de controle inicialmente adotado no Brasil por influência de Ruy Barbosa (Constituição de 1891), o juiz é obrigado a suspender o julgamento do pedido (mérito) que inicialmente ensejou a demanda (autor *versus* réu); então, o juiz decidirá sobre a inconstitucionalidade naquele caso concreto, só depois passando para o julgamento de mérito. Contra sua decisão no campo específico da arguição de constitucionalidade naquele caso concreto que está a julgar o juiz, em sede incidental de controle de constitucionalidade, cabe recurso extraordinário ao STF, impetrado pela parte que se sentir prejudicada.

Assim estabelece a Constituição Federal de 1988:

> Art. 102. Compete ao Supremo Tribunal Federal, precipuamente, a guarda da Constituição, cabendo-lhe:
>
> [...] III - julgar, mediante recurso extraordinário, as causas decididas em única ou última instância, quando a decisão recorrida:

a) contrariar dispositivo desta Constituição;

b) declarar a inconstitucionalidade de tratado ou lei federal;

c) julgar válida lei ou ato de governo local contestado em face desta Constituição;

d) julgar válida lei local contestada em face de lei federal. (Brasil, 1988)

a.1) Considerando que o Supremo, ao julgar o recurso extraordinário, manifesta-se acerca do caso concreto em litígio, então a decisão do STF só produzirá efeitos entre as partes originariamente litigantes naquele processo (caso concreto). É útil informar que, todas as vezes que, em sede de recurso extraordinário, o STF declara inconstitucional a lei ou o ato normativo, a Suprema Corte manda ofício ao Senado Federal, para, querendo, suspender (com efeito geral) a eficácia da norma declarada definitivamente inconstitucional pelo STF em recurso extraordinário. Nos 33 anos de história do art. 52, inciso X, da atual Constituição, o Senado nunca exerceu essa função.

a.2) Restrição imposta pelo parágrafo 3º do art. 102 da CF/1988, acrescentada pela Emenda Constitucional n. 45/2004, que inovou assim: "No recurso extraordinário o recorrente deverá demonstrar a repercussão geral das questões constitucionais discutidas no caso, nos termos da lei, a fim de que o Tribunal examine a admissão do recurso, somente podendo recusá-lo pela manifestação de dois terços de seus membros" (Brasil, 1988).

a.3) A repercussão geral no recurso extraordinário é presumida se a decisão recorrida contrariar súmula do STF.
b. **Controle abstrato (concentrado e direito) de inconstitucionalidade**: independe de litígios concretos entre autor e réu. No Brasil, é precipuamente exercido pelo STF nos seguintes casos:

b.1) **Ação direta de inconstitucionalidade (ADI ou ADIn)**: art. 102, inciso I, alínea "a", da CF/1988:

> Art. 102. Compete ao Supremo Tribunal Federal, precipuamente, a guarda da Constituição, cabendo-lhe:
>
> I - processar e julgar, originariamente:
>
> a) a ação direta de inconstitucionalidade de lei ou ato normativo federal ou estadual e a ação declaratória de constitucionalidade de lei ou ato normativo federal. (Brasil, 1988)

- Legitimados ativos: art. 103 da CF/1988.
- No controle abstrato, não há partes litigantes nem interesses contrapostos, pois não é um caso concreto entre A *versus* B (autor e réu), mas sim uma ação movida por uma das pessoas ou autoridades competentes previstas no art. 103.
- Regulamentação infraconstitucional – Lei n. 9.868, de 10 de novembro de 1999 (Brasil, 1999a): com efeito vinculante, eficácia *erga omnes*, permitiu, em alguns casos, que somente produza efeito a declaração de nulidade a partir de determinado momento. Também

pode ser movida por uma das pessoas ou autoridades competentes previstas no art. 103.
- Na ADIn, a decisão do STF declarando a inconstitucionalidade invalida a lei ou o ato normativo declarado inconstitucional, independentemente de suspensão do ato pelo Senado (não aplicabilidade do art. 52, inciso X, da CF/1988).
- Processo regulado pela Lei n. 9.868/1999.

b.2) **Ação declaratória de constitucionalidade (Adecon)**: introduzida pela Emenda de Revisão Constitucional n. 93, época em que o presidente Itamar Franco desejava antecipar a declaração de constitucionalidade da medida provisória que criou, em seu governo, o Plano Real.
- Pela Adecon, o STF pode ser chamado a se pronunciar sobre a constitucionalidade de lei ou ato normativo federal (nunca estadual!).
- Os efeitos do deferimento da Adecon são idênticos aos do indeferimento da ADIn.
- Podem impetrá-la as autoridades e os entes previstos no art. 103 da CF/1988.
- Processo regulado pela Lei n. 9.868/1999.

b.3) **Ação direta de inconstitucionalidade (ADI) por omissão**: configura-se no momento em que se deixa de cumprir disposição constitucional.
- Legitimidade ativa: art. 103 da CF/1988.
- Parágrafo 2º, art. 103: após o STF declarar a inconstitucionalidade por omissão, o órgão competente

para saná-la deverá ser comunicado. Caso se trate de medida de natureza administrativa, a decisão determinará o prazo de 30 dias para que sejam tomadas as medidas cabíveis.

- A ADI por omissão difere-se do mandado de injunção, pois este busca a fruição de direito fundamental previsto na Constituição e que não está sendo fruído por falta de norma regulamentadora – art. 5º, inciso XXI, da CF/1988 e Lei n. 13.300, de 23 de junho de 2016 (Brasil, 2016a).
- A ADI por omissão está regulamentada na Lei n. 12.063, de 27 de outubro de 2009 (Brasil, 2009c). Admite o art. 12-F dessa lei que seja editada medida cautelar, pelo STF, em caso de excepcional urgência da matéria, e seu parágrafo 1º informa que tal cautelar consiste em providências que especifica ou, ainda, em outra providência não especificada que adote o Tribunal. Tal providência pode ser uma "normatização provisória" pelo próprio Supremo.

b.4) **Súmula vinculante**: prevista pela Constituição em vigor, art. 103-A:

> Art. 103-A. O Supremo Tribunal Federal poderá, de ofício ou por provocação, mediante decisão de dois terços dos seus membros, após reiteradas decisões sobre matéria constitucional, aprovar súmula que, a partir de sua publicação na imprensa oficial, terá efeito vinculante em relação

aos demais órgãos do Poder Judiciário e à administração pública direta e indireta, nas esferas federal, estadual e municipal, bem como proceder à sua revisão ou cancelamento, na forma estabelecida em lei.

§ 1º A súmula terá por objetivo a validade, a interpretação e a eficácia de normas determinadas, acerca das quais haja controvérsia atual entre órgãos judiciários ou entre esses e a administração pública que acarrete grave insegurança jurídica e relevante multiplicação de processos sobre questão idêntica.

§ 2º Sem prejuízo do que vier a ser estabelecido em lei, a aprovação, revisão ou cancelamento de súmula poderá ser provocada por aqueles que podem propor a ação direta de inconstitucionalidade.

§ 3º Do ato administrativo ou decisão judicial que contrariar a súmula aplicável ou que indevidamente a aplicar, caberá reclamação ao Supremo Tribunal Federal que, julgando-a procedente, anulará o ato administrativo ou cassará a decisão judicial reclamada, e determinará que outra seja proferida com ou sem a aplicação da súmula, conforme o caso. (Brasil, 1988).

- A súmula vinculante se espelha na *common law* e produzirá efeitos sobre todos os poderes e órgãos, com força de lei. Todavia, não quer dizer ela que o Brasil é país que tenha adotado o *common law*.
- Requer reiteradas decisões sobre uma mesma matéria constitucional.

- O descumprimento da súmula vinculante enseja reclamação constitucional ao STF.
- Crítica: a súmula vinculante, além de ser um instrumento importado dos países anglófonos, engessa a atuação dos tribunais e juízes.
- A súmula vinculante está regrada na Lei n. 11.417, de 19 de dezembro de 2006 (Brasil, 2006).

b.5) **Arguição de descumprimento de preceito fundamental (ADPF):**
- CF1988, art. 102, parágrafo 1º: "Compete ao Supremo Tribunal Federal, precipuamente, a guarda da Constituição, cabendo-lhe: [...] § 1º A arguição de descumprimento de preceito fundamental, decorrente desta Constituição, será apreciada pelo Supremo Tribunal Federal, na forma da lei" (Brasil, 1988).
- A ADPF é a ação por meio da qual a decisão sobre a inconstitucionalidade ou não de atos normativos federais, estaduais, distritais e municipais impugnados perante juízes e tribunais pode ser avocada pelo STF, mediante provocação dos legitimados no art. 103 da CF/1988. Fica sustada eventual ação acerca do mesmo assunto. A decisão do STF na ADPF terá efeitos *erga omnes* e força vinculante, mas devem ser vistas as limitações da Lei n. 9.882, de 3 de dezembro de 1999 (Brasil, 1999b).
- A ADPF rege-se pela Lei n. 9.882/1999 (cujo anteprojeto foi elaborado pela Comissão Celso Bastos).

- b.6) **Ação interventiva federal**: CF/1988, art. 34, incisos VI e VII (e suas alíneas); art. 36, parágrafo 3º.
- b.7) **Reclamação constitucional**: garante a preservação da competência do STF e a autoridade de suas decisões. Originalmente, ela é fruto da construção jurisprudencial do STF, que, com o decorrer do tempo, foi incorporada ao texto constitucional (art. 102, I, alínea "i"). Regulamentada pelo art. 13 da Lei n. 8.038, de 28 de maio de 1990 (Brasil, 1990) e pelos arts. 156 e seguintes do Regimento Interno do STF (Brasil, 2020c), o instituto pertence à classe dos processos originários do STF. Portanto, a Reclamação deve ser ajuizada diretamente no STF, a quem cabe analisar se o ato questionado na ação invadiu a competência do STF ou se contrariou alguma de suas decisões.
  - Cabimento da reclamação constitucional: são três as suas hipóteses de cabimento: (i) uma delas é preservar a competência do STF quando algum juiz ou tribunal, usurpando a competência estabelecida no art. 102 da CF/1988, processa ou julga ações ou recursos de competência do STF; (ii) outra é garantir a autoridade das decisões do STF, ou seja, quando decisões monocráticas ou colegiadas do STF são desrespeitadas ou descumpridas por autoridades judiciárias, administrativas ou legislativas; (iii) por fim, serve a reclamação para garantir a autoridade das súmulas vinculantes. Depois de editada uma súmula vinculante pelo

Plenário do STF, seu comando vincula ou subordina todas as autoridades judiciárias e administrativas do país. No caso de seu descumprimento, a parte pode ajuizar reclamação diretamente no STF. A medida não se aplica, porém, para as antigas súmulas convencionais da jurisprudência dominante do STF.

O Novo Código de Processo Civil (NCPC): a força dos precedentes e as demandas repetitivas

O leitor atento poderá interpretar o Novo CPC segundo a Constituição e toda a história do direito processual brasileiro para admitir, de uma vez por todas, que o Brasil continua a seguir sua tradição romano-lusitana (*civil law*). Eis as pouquíssimas normas do Novo CPC que autorizam algum ativismo judicial inovador – mas não transformador – do sistema processual pátrio

Lei n. 13.105, de 16 de março de 2015 (Novo CPC):

> Art. 927. Os juízes e os tribunais observarão:
>
> I – as decisões do Supremo Tribunal Federal em controle concentrado de constitucionalidade;
>
> II – os enunciados de súmula vinculante;
>
> III – os acórdãos em incidente de assunção de competência ou de resolução de demandas repetitivas e em julgamento de recursos extraordinário e especial repetitivos;
>
> IV – os enunciados das súmulas do Supremo Tribunal Federal em matéria constitucional e do Superior Tribunal de Justiça em matéria infraconstitucional;

V – a orientação do plenário ou do órgão especial aos quais estiverem vinculados.

§ 1º Os juízes e os tribunais observarão o disposto no art. 10 e no art. 489, § 1º, quando decidirem com fundamento neste artigo.

§ 2º A alteração de tese jurídica adotada em enunciado de súmula ou em julgamento de casos repetitivos poderá ser precedida de audiências públicas e da participação de pessoas, órgãos ou entidades que possam contribuir para a rediscussão da tese.

§ 3º Na hipótese de alteração de jurisprudência dominante do Supremo Tribunal Federal e dos tribunais superiores ou daquela oriunda de julgamento de casos repetitivos, pode haver modulação dos efeitos da alteração no interesse social e no da segurança jurídica.

§ 4º A modificação de enunciado de súmula, de jurisprudência pacificada ou de tese adotada em julgamento de casos repetitivos observará a necessidade de fundamentação adequada e específica, considerando os princípios da segurança jurídica, da proteção da confiança e da isonomia.

§ 5º Os tribunais darão publicidade a seus precedentes, organizando-os por questão jurídica decidida e divulgando-os, preferencialmente, na rede mundial de computadores.

Art. 928. Para os fins deste Código, considera-se julgamento de casos repetitivos a decisão proferida em:

I – incidente de resolução de demandas repetitivas;

II – recursos especial e extraordinário repetitivos.

Parágrafo único. O julgamento de casos repetitivos tem por objeto questão de direito material ou processual. (Brasil, 2015a)

— 5.2 —
Remédios constitucionais[1]

A Constituição brasileira de 1988 foi pródiga em definir direitos fundamentais em uma lista que, por ser tão extensa, não encontra paralelos no direito comparado. Não bastasse a referida lista – toda espalhada na Carta, como já visto neste livro –, o parágrafo 2º do art. 5º da CF/1988 ainda deixa janela aberta para que sejam considerados como regras e princípios de direitos humanos aqueles decorrentes dos tratados internacionais de direitos humanos de que o Brasil fizer parte.

Entre os direitos humanos positivados na Constituição, encontram-se uns que se identificam como direitos individuais – e eles são maioria! –, outros como direitos sociais, outros como direitos de terceira geração e, ainda, outros que se referem a direitos políticos. Não seria possível que tamanha lista de direitos fundamentais ficasse sem instrumentos de garantia; portanto, é sobre eles que desenvolveremos as próximas páginas, por meio de quadros sinópticos.

Esta parte final do livro será dedicada aos remédios constitucionais, também conhecidos como *ações constitucionais*, as quais são as seguintes: *habeas data*; mandado de injunção – individual e coletivo; ação popular; mandado de segurança – individual e coletivo; *habeas corpus*; e ação civil pública.

---

1   Os remédios constitucionais discutidos aqui também se encontram, de forma resumida, no "Apêndice" desta obra.

— 5.2.1 —
Habeas data

Findos os governos de exceção da ditadura militar de 1964, morto Tancredo e empossado Sarney, em seguida foi eleita a Assembleia Nacional Constituinte que promulgou, em 5 de outubro de 1988, a Constituição em vigor, com sua longa lista de direitos fundamentais e dos respectivos instrumentos de garantia, os quais têm sido objeto de apreciação doravante. Aqui examinaremos o *habeas data* (HD).

Segundo o que consta na Carta Magna e na lei específica, o HD se presta a: (i) assegurar o conhecimento de informações do impetrante; (ii) retificar dados errôneos do impetrante; (iii) explicar dado (do impetrante) verdadeiro mas justificável, que esteja sob pendência judicial, ressaltando-se que, quando couber HD, não cabe mandado de segurança (MS).

As duas fases do HD cumprem as funções de propiciar ao impetrante o conhecimento de dados pessoais que lhe tenham sido negados anteriormente e a retificação desses dados se eles estiverem errados no banco de dados que os guarda.

Quem pode ajuizar o HD será qualquer pessoa física ou jurídica, nacional ou estrangeira, que se encontrar na situação de ter tido negado o acesso às suas informações pessoais por bancos de dados públicos ou de caráter público; o sujeito passivo será justamente o órgão público ou privado de caráter público que negou acesso às informações pessoais.

É inviável o HD coletivo por falta de previsão legal e constitucional. Mas é possível o litisconsórcio ativo e impossível a intervenção de terceiros.

Organograma do HD

I. Definição: o HD se destina a: (i) assegurar o conhecimento de informações do impetrante; (ii) retificar dados errôneos do impetrante; (iii) explicar dado (do impetrante) verdadeiro mas justificável, que esteja sob pendência judicial.

II. Quando couber HD, não cabe MS e vice-versa! (art. 5º, inciso LXIX, da CF/1988).

III. Duas fases do HD: (i) conhecimento dos dados anteriormente negados; (ii) solicitação de retificação ou complementação mediante provas.

IV. Legitimidade ativa: pessoas físicas ou jurídicas, nacionais ou estrangeiras, diretamente interessadas no acesso às informações.

V. Sujeito passivo: todo órgão da Administração direta ou indireta e os entes privados detentores de informação de ressonância pública (Serviço de Proteção ao Crédito, Serasa).

VI. Competência para julgamento do HD: art. 20 da Lei n. 9.507, de 13 de novembro de 1997 (Brasil, 1997).

VII. Manifestação do Ministério Público: é nulo o HD sem manifestação do MP.

VIII. Liminar e cautelar inominada em HD: são possíveis.

IX. Recurso contra a sentença do juiz em HD: apelação em 15 dias.

x. O HD não se confunde com a garantia constitucional de obter certidões.

xi. O sucumbente está isento de honorários advocatícios (STF, Súmula n. 512; STJ, Súmula n. 105) (Brasil, 1969b; 1994).

Os textos normativos aos quais fica remetido o leitor são: incisos LXIX e LXXII do art. 5º da CF/1988; Lei n. 9.507/1997, arts. 7º e 20; Súmulas n. 512 do STF e n. 105 do STJ.

A jurisprudência sobre o HD

Triplo aspecto da pretensão jurídica: STF, Rel. Min. Celso de Mello, RHD n. 22-8/DF, julgado em 19 de novembro de 1991:

> O habeas data configura remédio jurídico-processual, de natureza constitucional, que se destina a garantir, em favor da pessoa interessada, o exercício de pretensão jurídica discernível em seu tríplice aspecto: (a) direito de acesso aos registros, (b) direito de retificação dos registros e (c) direito de complementação dos registros. (Brasil, 1991)

É nulo o HD sem manifestação do MP (Ref. TRF 3ª R, ApC/HD n. 95.03.069821-9-SP, Rel. Juiz Américo Lacombe, RT 731/444; TJMG ApC n. 157.055/5-00, Rel. Des. Baía Borges, ADV 40/2000, ementa 94.182).

Cabe HD para obter cópia de prova prestada em concurso público, com a respectiva correção da banca. Nesse HD, não se pode discutir o mérito da correção (Ref.: TJRJ, ApC n. 14.856/2004, Rel. Des. Ernani Klausner, DJRJ 2.6.2005, p. 447; STJ, AgRgHD n. 127-DF, Rel. Min. João Otávio Noronha, DJU 14.8.2006).

Por fim, ressaltamos que o HD é o instrumento processual que garante a qualquer pessoa o acesso às suas informações pessoais que tenham sido negadas por órgão público ou privado de caráter público. É remédio constitucional extremamente importante para o Brasil pós-1964, isso porque governos "fortes" costumam ter bancos de dados inacessíveis aos cidadãos e às pessoas jurídicas; isso de fato ocorria com o Serviço Nacional de Informação (SNI).

— 5.2.2 —
Mandado de injunção individual e mandado de injunção coletivo

As definições de mandado de injunção individual constam na própria Constituição e na respectiva legislação infraconstitucional regulamentadora. Vejamos, primeiro, o texto constitucional disposto no art. 5º, inciso LXXI: "conceder-se-á mandado de injunção sempre que a falta de norma regulamentadora torne inviável o exercício dos direitos e liberdades constitucionais e das prerrogativas inerentes à nacionalidade, à soberania e à cidadania" (Brasil, 1988).

Agora, o art. 2º da Lei n. 13.300/2016: "Conceder-se-á mandado de injunção sempre que a **falta total ou parcial** de norma regulamentadora torne inviável o exercício dos direitos e liberdades constitucionais e das prerrogativas inerentes à nacionalidade, à soberania e à cidadania" (Brasil, 2016a, grifo nosso).

No contexto normatizado pela Carta da República e pela Lei n. 13.300/2016, só pode ajuizar o mandado de injunção individual o cidadão brasileiro, ou seja, aquele detentor da nacionalidade brasileira, apto a exercer plenamente seus direitos políticos, o que significa dizer: o eleitor. Somente eleitores brasileiros (natos ou naturalizados) podem ajuizar a ação constitucional que é a injunção.

A seguir, portanto, estudaremos alguns aspectos comuns ao mandado de injunção individual e ao coletivo.

É comum que o Congresso Nacional e que o próprio Poder Executivo, este quando no exercício de atividade de criação normativa, omitam-se na positivação de norma infraconstitucional. Caso tal omissão ofenda a Carta Magna, caberá ação direta de inconstitucionalidade por omissão (ADO). Todavia, se a omissão estiver a embargar a fruição de um direito fundamental previsto constitucionalmente, o indivíduo ou certa coletividade poderão ajuizar o mandado de injunção (MI) para buscar do próprio Judiciário a regulamentação infraconstitucional provisória que propiciará ao impetrante o gozo do direito humano não fruído por falta de previsão legislativa.

O STF foi construindo sua jurisprudência sobre o MI de forma acanhada. Primeiro, reconhecia a omissão e declarava a autoridade omissa *in mora*. Depois, no caso da greve de servidores públicos, apesar de não ter regulamentado infraconstitucionalmente a paralisação, aceitou que deve ser aplicada a lei geral sobre a greve do trabalhador privado. Há tribunais de justiça estaduais mais ousados, que adotam a teoria concretista e, de fato, regulamentam com norma provisória a fruição de direitos humanos não gozados por falta de norma infraconstitucional regulamentadora. É o caso das Cortes de Minas, Rio de Janeiro e Rio Grande do Sul.

Organograma do MI

I. Definição de MI: é o remédio constitucional que autoriza o Judiciário a expedir norma regulamentadora para a fruição de direito fundamental e das prerrogativas inerentes à nacionalidade, à soberania e à cidadania.

II. Mesmo na falta de regulamentação infraconstitucional, os direitos fundamentais são sempre de aplicação imediata pelo Judiciário (parágrafo 1º do art. 5º da CF/1988).

III. Quando couber MI, não cabe MS e vice-versa.

IV. MI e controle de constitucionalidade: o MI foi concebido como instrumento de controle concreto (ou incidental) de constitucionalidade da omissão, voltado à tutela de direitos subjetivos.

V. Produção de provas: assim como no MS, não se admite produção de provas no curso do processo do MI porque o direito alegado deve ser comprovado com a inicial (Hely Lopes Meirelles, Gilmar Mendes e Arnoldo Wald).

VI. Norma constitucional de eficácia limitada (pela falta de norma infraconstitucional regulamentadora): quando o exercício pleno dos direitos nela previstos depende necessariamente de edição normativa posterior (José Afonso da Silva. Ainda: Thomas Cooley e Ruy Barbosa: normas *self-executing* e normas *not-self-executing*).

VII. Competência: art. 102, inciso I, alínea "q", e inciso II, alínea "a"; art. 105, inciso I, alínea "h"; art. 121, parágrafo 4º, inciso V; art. 125, todos da CF/1988).

VIII. Liminar em MI: é possível.

IX. O MP no MI: (a) como autor; (b) como *custos legis*. Quanto ao MP, a legitimidade para a impetração do MI tem por base também o art. 129, inciso II, da CF/1988 e o art. 6º da Lei Complementar n. 75, de 20 de maio de 1993, nos casos que envolvem direitos difusos e coletivos (Brasil, 1993).

X. Legitimidade ativa: (a) para o MI individual, a pessoa cuja fruição de direito fundamental esteja impedida por falta de norma infraconstitucional regulamentadora; (b) para o MI coletivo, o grupo de pessoas cuja fruição de direito fundamental esteja impedida por falta de norma infraconstitucional regulamentadora.

XI. Legitimidade passiva: o órgão ou a autoridade responsável pela expedição da norma infraconstitucional regulamentadora de direito fundamental.

Os textos normativos aos quais fica remetido o leitor são: art. 5º, inciso LXXI, parágrafo 1º; art. 102, inciso I, alínea "q" e inciso II, alínea "a"; art. 105, inciso I, alínea "h"; art. 121, parágrafo 4º, inciso V; art. 129, inciso II, todos da CF/1988 (Brasil, 1988). Lei Complementar n. 75/1993, art. 6º (Brasil, 1993). Lei n. 13.300/2016, art. 2º (Brasil, 2016a). **Suplementação normativa**: Novo CPC (Brasil, 2015a) e Lei do Mandado de Segurança (Brasil, 2009b).

Jurisprudência sobre o MI

Julgamento conjunto dos MI n. 670-ES, 708-DF e 712-PA (Brasil, 2007a; 2007b; 2007c), os dois primeiros relatados por Gilmar Mendes, e o último, por Eros Grau. Tais casos tratavam de impetrações coletivas a respeito do direito de greve dos servidores públicos. O STF concedeu a injunção, reiterou a declaração de mora do Congresso Nacional (já reconhecida em acórdãos anteriores), e foi além, determinando a aplicação da legislação genérica de greve no setor privado – Lei n. 7.783, de 28 de junho de 1989 (Brasil, 1989) –, no que couber, combinada com o princípio da continuidade da prestação de serviços públicos, conferindo à decisão a possibilidade de sua aplicação para outras atividades públicas não previstas nos três MI, desde que submetidas ao mesmo regime.

Precedentes de regulamentação feita pelo próprio Judiciário: concretismo

O Tribunal de Justiça do Rio de Janeiro decidiu que o MI não existe tão somente para declarar *in mora* o poder competente pela omissão legislativa, mas abrange da forma mais ampla possível todos e quaisquer direitos fundamentais assegurados pela Carta Magna, inclusive no tocante à fixação de vencimentos (Rio de Janeiro, 2017b). O mesmo tribunal concedeu MI para reconhecer, até a entrada em vigor da nova lei regulamentadora da matéria, o direito ao gozo de licença não remunerada para determinados funcionários sem prejuízo de direitos e vantagens vinculados à sua carreira (Rio de Janeiro, 2017a).

Do mesmo modo, os Tribunais de Justiça do Rio Grande do Sul e de Minas Gerais vêm aceitando o MI para suprir o vazio legislativo e conferir de imediato ao autor a fruição do direito constitucional afetado pela omissão do legislador (TJRS, Órgão Especial, MI n. 592.045.603, Rel. Des. Décio Antônio Erpen, RF 325/213; TJMG, Corte Superior, MI n. 07, Rel. Des. Bernardino Godinho, RT 702/144).

Por fim, note que o Judiciário brasileiro é ativista quando não devia sê-lo, e não é ativista quando lhe é permitido sê-lo; esse é exatamente o caso do MI, pois tal remédio constitucional serve justamente para que o Judiciário regulamente um caso concreto de não fruição de um direito fundamental previsto constitucionalmente.

Ressaltamos que a eventual regulamentação do gozo do direito fundamental pelo Judiciário é sempre provisória, o que significa dizer que, quando a autoridade competente regulamentar infraconstitucionalmente aquele direito fundamental, então não mais se aplicará a regulamentação judicial.

— 5.2.3 —
Ação popular

A ação popular (AP) é o remédio constitucional que transforma o cidadão em verdadeiro fiscal dos atos administrativos ilegais e lesivos. Nesse sentido, qualquer cidadão passa a ser verdadeiro zelador do patrimônio público, da moralidade administrativa, do meio ambiente e do patrimônio histórico e cultural. Perceba que estamos usando a palavra *cidadão*; isso significa que só pode ser autor de AP o brasileiro portador de título de eleitor, devendo ficar claro que a AP não amparará interesse individual do autor, mas sim interesse da coletividade, mesmo que a lesão esteja ainda em fase de presunção.

A considerar que cabe AP contra ato ilegal, trata-se de ato vinculado, e não discricionário. Logo, não é possível AP contra ato jurisdicional, lembrando que, em toda AP, deverá atuar o Ministério Público, sempre perante a Justiça Federal ou Estadual de primeiro grau.

Organograma da AP

I. Definição: é o remédio constitucional disponível a qualquer cidadão para anular ato lesivo ao patrimônio público, à moralidade administrativa, ao meio ambiente e ao patrimônio histórico e cultural. O ato deve ser também ilegal.

II. O autor deve juntar seu título de eleitor.

III. Atos administrativos vinculados são passíveis de AP; os discricionários não o são.

IV. A AP ampara interesses da coletividade, jamais individuais próprios.

V. A imoralidade pura e simples não enseja AP por sua vaguidade.

VI. A AP pode ser preventiva ou repressiva.

VII. A lesão pode ser efetiva ou presumida, conforme art. 4º da Lei de Ação Popular (LAP) – Lei n. 4.717, de 29 de junho de 1965 (Brasil, 1965a). Exemplo de lesão presumida:

as pedaladas fiscais da ex-presidente Dilma Rousseff, cassada pelo Senado.
VIII. Qualquer eleitor pode intervir na AP como litisconsorte.
IX. É incabível AP contra ato jurisdicional.
X. É nula a AP em que o MP não tenha sido ouvido.

A competência para julgar a AP será sempre da justiça de primeiro grau (federal ou estadual).

I. É cabível liminar em AP.
II. A contestação deve ser feita em 20 dias, prorrogável por mais 20.
III. O rito da AP é o ordinário, e a sentença deve ser proferida 15 dias após a conclusão dos autos.
IV. Recursos: de ofício, apelação com efeito suspensivo, agravo de instrumento contra decisões interlocutórias e pedido de cassação de liminar ao presidente do Tribunal.
V. A sentença terá efeito *erga omnes*.

Os textos normativos aos quais fica remetido o leitor são: art. 5º, inciso XXIII, da Lei n. 4.717/1965 (Brasil, 1965b).

Jurisprudência sobre a AP

Ilegalidade + lesividade: para ensejar a propositura da ação popular, não basta ser o ato ilegal, deve ser também lesivo ao patrimônio público (STJ, REsp n. 111.527-DF, Rel. Min. Garcia Vieira, DJU 20.04.98, p. 23, RDR 14/226).

A lesão pode ser: (i) efetiva; (ii) presumida (pelo art. 4º da LAP), para os quais basta a prova da prática do ato para considerá-lo lesivo e nulo de pleno direito. Sobre lesividade presumida, já decidiu o STJ:

- "STF, RTJ 103/683. Embora haja casos de lesão presumida, esta presunção deve necessariamente decorrer da lei, e admite prova em contrário (STJ, REsp 407.075-MG, rel. Min. Luiz Fux, DJU 23.9.2002, p. 244)" (STJ, citado por Meirelles; Wald; Mendes, 2013, p. 176, grifo do original).
- "o prejuízo autorizador do ajuizamento de ação popular não está restrito ao prejuízo material aos cofres públicos (STF, RE 170.768-2-SP, rel. Min. Ilmar Galvão, RT 769/146)" (STF, citado por Meirelles; Wald; Mendes, 2013, p. 178, grifo do original).

Costuma-se afirmar que o brasileiro só é cidadão quando vota, quando é votado, bem como nas hipóteses de plebiscito, referendo e iniciativa popular (art. 14 da CF/1988); essa assertiva é verdadeira. Pois bem: a AP é o meio pelo qual o brasileiro fiscaliza o Poder Público e pelo qual pode até conseguir a devolução do dinheiro gasto ilegalmente com ato lesivo ao patrimônio público. Logo, é um instrumento de cidadania indispensável.

— 5.2.4 —
Mandado de segurança individual e mandado de segurança coletivo

Por ser o mandado de segurança (MS) um remédio constitucional, ele faz parte do direito processual constitucional juntamente às outras ações constitucionais, lembrando que o direito processual constitucional ainda abriga a temática do controle de constitucionalidade.

A base para o MS e para todos os demais remédios constitucionais é o *caput* do art. 5º da Constituição. A especificidade vem com os incisos LXIX (para o individual) e LXX (para o coletivo), estando a disciplina legal do MS posta na Lei n. 12.016, de 7 de agosto de 2009 (Brasil, 2009b).

A criatividade brasileira instituiu o MS como remédio constitucional de natureza civil já na Constituição de 1934, tendo constado em todas as demais Cartas, menos na de 1937, por conta do Estado Novo.

Porque no MS se discute ilegalidade ou abuso de poder, a manifestação do Ministério Público é obrigatória e está prevista na Lei do MS. Além disso, a considerar que se couber *habeas corpus* ou *habeas data* não será cabível o MS, podemos dizer que existe um verdadeiro e infinito campo residual do MS, razão pela qual esse remédio constitucional pode ser considerado como o mais importante entre todos os demais que lidam com a temática da vida civil, sendo, por consequência, o *habeas corpus* o remédio constitucional penal por excelência.

Para findar, é importante ressaltar as hipóteses de não cabimento de MS: (i) quando o direito puder ser amparado por *habeas corpus* ou *habeas data*; (ii) quando se tratar de ato contra o qual caiba recurso administrativo com efeito suspensivo, desde que não seja necessária a caução (inciso I do art. 5º da Lei n. 12.016/2009); (iii) contra despacho de decisão judicial, quando houver recurso com efeito suspensivo previsto nas leis processuais ou o despacho puder ser modificado por correição (inciso II, art. 5º da Lei n. 12.016/2009); (iv) contra decisão judicial transitada em julgado – contra a qual cabe ação rescisória (inciso III do art. 5º da Lei n. 12.016/2009); (v) contra atos *interna corporis* que digam respeito exclusivo à corporação; (vi) contra lei em tese. Aqui defendemos serem inconstitucionais os casos (ii) e (iii).

Organograma do MS (individual e coletivo)

I. Definição: o MS é um remédio constitucional destinado a proteger direito líquido e certo, não amparado por *habeas corpus* ou *habeas data*, quando o responsável pela ilegalidade ou abuso de poder for autoridade pública ou agente de pessoa jurídica no exercício de atribuições do Poder Público.

II. Direito líquido e certo é aquele que o autor demonstra pré-constituído na inicial; por essa razão, no MS não cabe contestação, muito menos dilação probatória.

III. Só cabe MS contra pessoa física, jamais contra pessoa jurídica. O coator ou é autoridade pública ou é alguém que, apesar de prestar serviço para pessoa privada, presta-o como se esta tivesse atribuições de Poder Público.

IV. Cabe MS contra ilegalidade; cabe MS contra abuso de poder.

V. O MS pode ser repressivo ou preventivo.

VI. O MS protege direito individual e coletivo. Portanto, também cabe MS coletivo que pode ser impetrado por: (i) partido político com representação no Congresso Nacional; (ii) organização sindical, entidade de classe ou associação

legalmente constituída e em funcionamento há pelo menos um ano em defesa dos interesses de seus membros ou associados.
VII. A execução específica ou *in natura* do MS cabe à autoridade coatora, e os efeitos patrimoniais da condenação tocam à entidade a que pertence o coator (a entidade tem direito de regresso contra o coator).
VIII. O coator não contesta o MS, mas apresenta informações.
IX. Não cabe MS contra lei em tese – Súmula n. 266 do STF (Brasil, 1963a) –, ou seja, contra norma geral e abstrata.
X. Cabe MS para a realização de arbitragem – Lei n. 9.307, 23 de setembro de 1996 (Brasil, 1996).
XI. Competência: define-se pela sede da autoridade coatora e por sua categoria funcional.
XII. Liminar em MS: (i) quando houver fundamento relevante; (ii) quando a não concessão representar a ineficácia da medida.
XIII. No MS coletivo, existe uma relação formal entre seus titulares.

Os textos normativos aos quais fica remetido o leitor são: art. 5º, incisos LXIX e LXX, da CF/1988 (Brasil, 1988); Lei n. 12.016/2009 (Brasil, 2009b); Lei n. 9.307/1996 (Brasil, 1996).

Jurisprudência sobre a AP

Súmula n. 267 do STF: "não cabe MS contra ato judicial passível de recurso ou correição" (Brasil, 1963b), desde que a medida alternativa produza o efeito suspensivo do ato ilegal ou abusivo.

Obs.: os MS foram bastante reduzidos pela possibilidade de se imprimir efeito suspensivo no agravo de instrumento.

Prazo para impetração: é decadencial e de 120 dias, contados a partir da ciência do ato impugnado – conforme art. 23 da Lei n. 12.016 (Brasil, 2009b) e Súmula n. 632 do STF (Brasil, 1977b) – e a partir do momento em que o ato se tornou apto a produzir lesões ao impetrante.

Trata-se o MS de criatividade brasileira, na consideração de ser ele um remédio constitucional para a garantia de direito fundamental no campo civil, não podendo servir para os fins do *habeas corpus*. Antes da criação legislativa do MS, tudo era resolvido pela via do *habeas corpus*, tanto no campo penal quanto no civil.

— 5.2.5 —
Habeas corpus

O *habeas corpus* (HC) é uma criação inglesa, dada no tempo em que o Rei João Sem Terra foi pressionado pela nobreza a assinar e publicar a *Magna Charta Libertatum*, em 1215. Tal norma inglesa, com as adições de legislações posteriores, ainda se encontra em vigor.

No Brasil, o HC teve início como um remédio constitucional repressivo e preventivo, aplicável tanto no campo penal quanto no civil, até o advento da Lei do Mandado de Segurança (LMS) (Brasil, 2009b), tendo esta abarcado as questões civis. No HC, há duas pessoas: uma autoridade coatora que age ou ameaça de agir, ilegalmente ou mediante abuso de poder, contra a liberdade de locomoção de uma pessoa que passa a se chamar *paciente*.

Organograma do HC

I. Definição: é o remédio constitucional referente à liberdade de locomoção (ir, vir, permanecer e ficar) que tenha sido tolhida ou ameaçada, por violência ou coação ilegal ou abuso de poder.
II. Duas modalidades de HC: repressivo; preventivo.
III. O próprio paciente é detentor do *ius postulandi*.
IV. *Magna Charta Libertatum*, de 1215, publicada pelo Rei João Sem Terra, na Inglaterra.
V. A coação será ilegal nos casos do art. 648 do Código de Processo Penal (CPP), ou seja, (i) prisão sem justa causa; (ii) prisão por mais tempo do que determinado em lei; (iii) prisão ordenada por autoridade incompetente; (iv) motivo cessado que anteriormente autorizou a prisão; (v) quando a autoridade não admitir fiança e a lei a autoriza; (vi) em processo nulo; (vii) quando extinta a punibilidade (Brasil, 1941).
VI. HC com réu preso é a ação mais importante do Brasil.
VII. O juiz pode determinar a apresentação imediata do paciente; em caso de desobediência pela autoridade coatora, mandado de prisão será expedido contra esta, enquanto o paciente será tirado da prisão e apresentado em juízo.

VIII. A coação à liberdade individual comumente é praticada por autoridades do Poder Público. Entretanto, o STJ já deferiu HC para afastar internação involuntária em clínica psiquiátrica – HC n. 355.301 (Brasil, 2016c).

IX. Não cabe HC contra punição disciplinar militar.

Normas jurídicas sobre o HC: art. 5º, inciso LXVIII, art. 142, parágrafo 2º, da CF/1988 (Brasil, 1988); arts. 647 a 667 do CPP (Brasil, 1941).

Jurisprudência sobre o HC

> HABEAS CORPUS. PROCESSUAL PENAL. TRÁFICO ILÍCITO DE DROGA. PRISÃO PREVENTIVA. MEDIDA EXCEPCIONAL. GRAVIDADE ABSTRATA. FUNDAMENTAÇÃO INIDÔNEA. ORDEM CONCEDIDA. [...]
>
> 2. Ordem de *habeas corpus* concedida para, confirmada a decisão liminar, revogar a prisão preventiva do Paciente, se por outro motivo não estiver preso, advertindo-o da necessidade de permanecer no distrito da culpa e atender aos chamamentos judiciais, sem prejuízo de nova decretação de prisão provisória, por fato superveniente a demonstrar a necessidade da medida ou da fixação de medidas cautelares alternativas (art. 319 do Código de Processo Penal), desde que de forma fundamentada. (Brasil, 2019a)

— 5.2.6 —
Ação civil pública

É diferente a ação civil pública (ACP) da AP em razão da legitimidade ativa; a ACP é institucional, e a ação popular é pessoal. Visa a ACP proteger coisas e coletividades indeterminadas, tais como o meio ambiente, o consumidor, os bens de valor artístico (e outros), podendo produzir a responsabilidade de quem lesou tais bens.

O MP, mesmo quando não é autor, recebe as denúncias dos fatos que podem ensejar a propositura de ACP, assim como pode o MP encabeçar o compromisso (termo) de ajustamento de conduta.

Legislação sobre ACP: art. 129, inciso III, da CF/1988 (Brasil, 1988); Lei n. 7.347, de 24 de julho de 1985 (Brasil, 1985).

Jurisprudência sobre ACP

> ADMINISTRATIVO E PROCESSUAL CIVIL. AÇÃO CIVIL PÚBLICA. AMBIENTAL. BARRAGEM BRUMADINHO. APRESENTAÇÃO DE PLANO DE EMERGÊNCIA E SEGURANÇA. TUTELA DE URGÊNCIA DEFERIDA. AGRAVO DE INSTRUMENTO. REFORMA. IMPOSSIBILIDADE. SÚMULAS N. 7/STJ E 735/STF.
>
> I – O Estado de Minas Gerais interpôs agravo de instrumento contra decisão interlocutória proferida em autos de ação civil pública, ajuizada pelo Ministério Público Estadual, que deferiu parcialmente a tutela de urgência pleiteada para determinar

ao Estado e à Emicon Mineração e Terraplanagem Ltda. a apresentação de plano de ação de emergência pormenorizado e plano de segurança da barragem 'Dique B3', bem como comprovação de adoção de medidas estruturais preventivas, necessárias e suficientes à garantia de segurança e estabilidade da referida barragem. (Brasil, 2019b)

Considerações finais

Este livro foi inaugurado de forma sublime, com um Prefácio escrito pelo mais importante e culto jurista e personalidade pública do Brasil, que é o Ministro Francisco Rezek, a quem agradeço por ser meu professor de sempre, meu conselheiro e meu mais fiel amigo. Sim, somos amigos desde o início dos anos 1990. Antes disso, nossos familiares já eram ligados. Expresso-me aqui na primeira pessoa do singular porque não ia *eu* falar aqui daquele que acredita em mim há tanto tempo de modo impessoal, jamais. A amizade que tenho com o Dr. Francisco é tão grande que fala por si só, ou melhor: no silêncio, encontra-se e sublima-se por se tratar de uma espécie de existencialidade que se apoia em um gostar mútuo que dispensa, completamente, a comunicação maciça, barulhenta e constante. Digo isso porque, para uns, não são amigos aqueles que não se falam todos os dias. **Pois bem, é comum que Rezek e eu fiquemos tempos sem nos falarmos, não por discórdias, mas, certamente, por conta de os nossos subconscientes terem apreendido, lá do alto das abissais montanhas de Minas Gerais, que o silêncio é mais celestial que a fala. Todavia, foi pelas mãos de Maria, a mais silenciosa das humanas já vividas – e a mais sábia –, que construímos aquilo que temos guardado a sete chaves. Ele é meu amigo. Obrigado, Dr. Francisco.**

Introduzido o livro, perceberam os leitores que foi nossa **preocupação clarear as mentes de todos ao explicar os significados de expressões que às vezes se aproximam, em outras se apartam, sendo elas:** *direitos fundamentais, direitos humanos, direitos humanos fundamentais, direitos individuais, direitos civis* e, simplesmente, *direitos*.

Em seguida, apontamos os perigos da desestruturação do direito constitucional e da perda da fundamentalidade dos direitos em razão dos modismos fundamentalistas e do que chamam de "novos direitos". Aliás, aqui vai uma crítica aos mestrados e doutorados em Direito que a Coordenação de Aperfeiçoamento de Pessoal de Nível Superior (Capes) aprovou – os governos chamados "populares": de jurídicos, tais programas de pós-graduação não têm nada, tratando-se, isso sim, de aglomerações panfletárias de apadrinhados políticos gramscianos que não têm o menor interesse na preservação e na implantação de direitos como a liberdade individual, a propriedade privada, a educação libertária e o saneamento básico, isso para citar só quatro dos mais caros direitos que se enquadram na primeira e na segunda geração dos direitos fundamentais. Logo, desestruturou-se completamente, nesse cenário, o próprio Judiciário contemporâneo e sua capacidade de ler e interpretar normas jurídicas a partir do óbvio, ou seja, da primeira interpretação que a hermenêutica impõe, que é, em qualquer lugar do mundo, a literal. Um fato sobressai: não soubemos explicar aqui o que vêm a ser os "novos direitos"; de fato, ninguém sabe! Ora, então devem ser aqueles criados por magistrados ativistas sem apoio no ordenamento jurídico posto, nem em suas regras, nem em seus princípios, mas em nome da dignidade da pessoa humana.

O próximo passo lido pelos que se interessaram por este livro foi o de explicar os vários significados da palavra *constitucionalismo*, oportunidade em que alertamos o leitor e a própria doutrina nacional de que é chegada a hora de se usar melhor a língua portuguesa no que tange ao *constitucionalismo* como sinônimo ou de direito constitucional, ou de ciência do direito constitucional, ou de história do direito constitucional, ou de política constitucional ou de ciência política. Aqui, a conclusão foi a seguinte: se se quer escrever ou verbalizar o vocábulo *constitucionalismo*, **que se saiba o que se está falando**; caso contrário, melhor é usar *direito constitucional* se os objetos referidos forem as normas e o ato de criar normas, e assim por diante. É simples: usem palavras e expressões se souberem o que significam as palavras e expressões verbalizadas ou escritas; caso contrário, tudo virará um "ismo" qualquer, totalmente desprovido de lógica.

As gerações ou dimensões dos direitos fundamentais na história foram estudadas a fundo. Concluímos que a doutrina brasileira trilha caminho confuso – *data venia* – quando, a cada congresso que se organiza no Teatro Guaíra (em Curitiba), proclama uma nova geração de direito fundamental.

Em uma espécie de homenagem ao Ministro Francisco Rezek, insigne internacionalista aclamado no mundo todo, o direito internacional público dos direitos humanos foi objeto de longa análise, que considerou, inclusive, a realidade brasileira ao tratar do DIP em suas Constituições. As doutrinas consolidadas internacionalmente, tanto as por mim desenvolvidas quanto as por Rezek, foram a base da escrita.

Em sequência lógica e como fruto de pesquisas encabeças pelo promotor público e doutor Fauzi Hassan Choukr (FaCamp), o direito humano da nacionalidade foi investigado, e dois julgamentos, um da Corte Interamericana e outro da Corte Europeia de Direitos Humanos, foram dissecados.

Chegamos ao final do livro com o direito processual constitucional, composto pelo controle de constitucionalidade e pelas ações constitucionais, tais como o *habeas corpus* e o mandado de segurança. Aqui foi necessário transformar o livro em uma sala de aula com quadros sinópticos didáticos e esquematizados, tendo-se fugido, portanto, de uma mais aprofundada teoria e da filosofia, isso porque, em nosso entendimento, o Capítulo 5 é destinado a facilitar a vida de alunos, advogados e demais operadores do direito mediante a compreensão do controle de constitucionalidade, sobretudo das ações constitucionais – ou remédios constitucionais garantidores dos direitos fundamentais positivados no ordenamento jurídico.

This is the end...

Referências

BARACHO, J. A. de O. **Direito processual constitucional**: aspectos contemporâneos. Belo Horizonte: Fórum, 2008.

BARBOSA, R. **Comentários à Constituição federal brasileira**. São Paulo: Saraiva, 1932.

BARBOSA, R. **Oração aos moços**. Rio de Janeiro: Edições Casa de Ruy Barbosa, 1999.

BARROSO, L. R. **Contramajoritário, representativo e ilumista**: os papéis das cortes constitucionais nas democracias contemporâneas. Disponível em: <https://www.conjur.com.br/dl/notas-palestra-luis-robertobarroso.pdf>. Acesso em: 19 abr. 2021.

BARROSO, L. R. **Curso de direito constitucional contemporâneo**: os conceitos fundamentais e a construção do novo modelo. 5. ed. São Paulo: Saraiva, 2016.

BASTOS, C. R. **Curso de direito constitucional**. 23. ed. São Paulo: Malheiros, 2010.

BASTOS, C. R. **Hermenêutica e interpretação constitucional**. 4. ed. São Paulo: Malheiros, 2014.

BELCHIOR, A. M. (Org.). **As Constituições Republicanas Portuguesas**: direitos fundamentais e representação política (1911-2011). Lisboa: Editora Mundos Sociais, 2013.

BÍBLIA (Antigo Testamento). Gênesis. Português. **Bíblia Ave-Maria**. cap. 2, vers. 16-17. Disponível em: <https://www.bibliacatolica.com.br/biblia-ave-maria/genesis/2/>. Acesso em: 19 abr. 2021a.

BÍBLIA (Antigo Testamento). Gênesis. Português. **Bíblia Ave-Maria**. cap. 3, vers. 1-24. Disponível em: <https://www.bibliacatolica.com.br/biblia-ave-maria/genesis/3>. Acesso em: 19 abr. 2021b.

BÍBLIA (Novo Testamento). São João. Português. **Bíblia Ave-Maria**. cap. 4, vers. 4-42. Disponível em: <https://www.bibliacatolica.com.br/biblia-ave-maria/sao-joao/4/>. Acesso em: 19 abr. 2021c.

BÍBLIA (Novo Testamento). São João. Português. **Bíblia Ave-Maria**. cap. 6, vers. 35. Disponível em: <https://www.bibliacatolica.com.br/biblia-ave-maria/sao-joao/6>. Acesso em: 19 abr. 2021d.

BOBBIO, N. **A era dos direitos**. Tradução de Carlos Nelson Coutinho. Rio de Janeiro: Elsevier, 2004.

BONAVIDES, P. **Curso de direito constitucional**. 35. ed. São Paulo: Malheiros, 2020.

BONAVIDES, P. A quinta geração de direitos fundamentais. **Revista Brasileira de Direitos Fundamentais e Democracia**, v. 2, n. 3, p. 82-93, 2008. Disponível em: <http://dfj.emnuvens.com.br/dfj/article/view/534/127>. Acesso em: 19 abr. 2021.

BOSON, G. de B. M. **Constitucionalização do direito internacional**: internacionalização do direito constitucional, direito constitucional internacional brasileiro – os caminhos da paz. Belo Horizonte: Del Rey, 1996.

BRAGA, S. S. **Quem foi quem na Assembleia Constituinte de 1946**. Brasília: Câmara dos Deputados, 1998. 2 v.

BRASIL. Conselho Nacional de Justiça. Resolução n. 175, de 14 de maio de 2013. Disponível em: <https://atos.cnj.jus.br/files/resolucao_175_14052013_16052013105518.pdf>. Acesso em: 19 abr. 2021.

BRASIL. Constituição Política do Imperio do Brazil (1824). **Coleção de Leis do Império do Brasil**, 1824. Disponível em: <http://www.planalto.gov.br/ccivil_03/constituicao/constituicao24.htm>. Acesso em: 19 abr. 2021.

BRASIL. Constituição da República dos Estados Unidos do Brasil (1891). **Diário Oficial da União**, Rio de Janeiro, 24 fev. 1891. Disponível em: <http://www.planalto.gov.br/ccivil_03/constituicao/constituicao91.htm>. Acesso em: 19 abr. 2021.

BRASIL. Constituição da República dos Estados Unidos do Brasil (1934). **Diário Oficial da União**, Rio de Janeiro, 17 jul. 1934. Disponível em: <http://www.planalto.gov.br/ccivil_03/constituicao/constituicao34.htm>. Acesso em: 19 abr. 2021.

BRASIL. Constituição dos Estados Unidos do Brasil (1937). **Diário Oficial da União**, Rio de Janeiro, 10 nov. 1937. Disponível em: <http://www.planalto.gov.br/ccivil_03/Constituicao/Constituicao37.htm>. Acesso em: 19 abr. 2021.

BRASIL. Constituição dos Estados Unidos do Brasil (1946). **Diário Oficial da União**, Rio de Janeiro, 19 set. 1946. Disponível em: <http://www.planalto.gov.br/ccivil_03/constituicao/constituicao46.htm>. Acesso em: 19 abr. 2021.

BRASIL. Constituição da República Federativa do Brasil (1967). **Diário Oficial da União**, Brasília, DF, 24 jan. 1967. Disponível em: <http://www.planalto.gov.br/ccivil_03/constituicao/constituicao67.htm>. Acesso em: 19 abr. 2021.

BRASIL. Constituição (1988). **Diário Oficial da União**, Brasília, DF, 5 out. 1988. Disponível em: <http://www.planalto.gov.br/ccivil_03/constituicao/constituicao.htm>. Acesso em: 19 abr. 2021.

BRASIL. **Constituição da República Federativa**. Brasília: Biblioteca do Senado Federal, 2020a.

BRASIL. Decreto-Lei n. 3.689, de 3 de outubro de 1941. **Diário Oficial da União**, Poder Executivo, Rio de Janeiro, RJ, 13 out. 1941. Disponível em: <http://www.planalto.gov.br/ccivil_03/decreto-lei/del3689compilado.htm>. Acesso em: 19 abr. 2021.

BRASIL. Decreto n. 7.030, de 14 de dezembro de 2009. **Diário Oficial da União**, Poder Executivo, Brasília, DF, 15 dez. 2009a. Disponível em: <http://www.planalto.gov.br/ccivil_03/_ato2007-2010/2009/decreto/d7030.htm>. Acesso em: 19 abr. 2021.

BRASIL. Decreto n. 55.750, de 11 de fevereiro de 1965. **Diário Oficial da União**, Poder Executivo, Brasília, DF, 15 fev. 1965a. Disponível em: <https://www2.camara.leg.br/legin/fed/decret/1960-1969/decreto-55750-11-fevereiro-1965-396067-publicacaooriginal-1-pe.html>. Acesso em: 19 abr. 2021.

BRASIL. Emenda Constitucional n. 1, de 17 de outubro de 1969. **Diário Oficial da União**, Poder Executivo, Brasília, DF, 20 out. 1969a. Disponível em: <http://www.planalto.gov.br/ccivil_03/constituicao/Emendas/Emc_anterior1988/emc01-69.htm>. Acesso em: 19 abr. 2021.

BRASIL. Emenda Constitucional n. 45, de 30 de dezembro de 2004. **Diário Oficial da União**, Poder Executivo, Brasília, DF, 31 dez. 2004. Disponível em: <http://www.planalto.gov.br/ccivil_03/constituicao/emendas/emc/emc45.htm>. Acesso em: 19 abr. 2021.

BRASIL. Lei Complementar n. 75, de 20 de maio de 1993. **Diário Oficial da União**, Poder Legislativo, Brasília, DF, 21 maio 1993. Disponível em: <http://www.planalto.gov.br/ccivil_03/leis/lcp/Lcp75.htm>. Acesso em: 19 abr. 2021.

BRASIL. Lei n. 4.717, de 29 de junho de 1965. **Diário Oficial da União**, Poder Executivo, Brasília, DF, 5 jun. 1965b. Disponível em: <http://www.planalto.gov.br/ccivil_03/leis/l4717.htm>. Acesso em: 19 abr. 2021.

BRASIL. Lei n. 5.172, de 25 de outubro de 1966. **Diário Oficial da União**, Poder Legislativo, Brasília, DF, 27 out. 1966. Disponível em: <http://www.planalto.gov.br/ccivil_03/leis/l5172compilado.htm>. Acesso em: 19 abr. 2021.

BRASIL. Lei n. 7.347, de 24 de julho de 1985. **Diário Oficial da União**, Poder Legislativo, Brasília, DF, 25 jul. 1985. Disponível em: <http://www.planalto.gov.br/ccivil_03/leis/l7347orig.htm>. Acesso em: 19 abr. 2021.

BRASIL. Lei n. 7.783, de 28 de junho de 1989. **Diário Oficial da União**, Poder Legislativo, Brasília, DF, 29 jun. 1989. Disponível em: <http://www.planalto.gov.br/ccivil_03/leis/l7783.htm>. Acesso em: 19 abr. 2021.

BRASIL. Lei n. 8.038, de 28 de maio de 1990. **Diário Oficial da União**, Poder Legislativo, Brasília, DF, 19 maio 1990. Disponível em: <http://www.planalto.gov.br/ccivil_03/leis/l8038.htm>. Acesso em: 19 abr. 2021.

BRASIL. Lei n. 9.307, de 23 de setembro de 1996. **Diário Oficial da União**, Poder Legislativo, Brasília, DF, 24 set. 1996. Disponível em: <http://www.planalto.gov.br/ccivil_03/leis/l9307.htm>. Acesso em: 19 abr. 2021.

BRASIL. Lei n. 9.507, de 13 de novembro de 1997. **Diário Oficial da União**, Poder Legislativo, Brasília, DF, 13 nov. 1997. Disponível em: <http://www.planalto.gov.br/ccivil_03/leis/L9507.htm>. Acesso em: 19 abr. 2021.

BRASIL. Lei n. 9.868, de 10 de novembro de 1999. **Diário Oficial da União**, Poder Legislativo, Brasília, DF, 11 nov. 1999a. Disponível em: <http://www.planalto.gov.br/ccivil_03/leis/l9868.htm>. Acesso em: 19 abr. 2021.

BRASIL. Lei n. 9.882, de 3 de dezembro de 1999. **Diário Oficial da União**, Poder Legislativo, Brasília, DF, 6 dez. 1999b. Disponível em: <http://www.planalto.gov.br/ccivil_03/leis/l9882.htm>. Acesso em: 26 mar. 2021.

BRASIL. Lei n. 11.417, de 19 de dezembro de 2006. **Diário Oficial da União**, Poder Legislativo, Brasília, DF, 20 dez. 2006. Disponível em: <http://www.planalto.gov.br/ccivil_03/_ato2004-2006/2006/lei/l11417.htm>. Acesso em: 19 abr. 2021.

BRASIL. Lei n. 12.016, de 7 de agosto de 2009. **Diário Oficial da União**, Poder Legislativo, Brasília, DF, 10 ago. 2009b. Disponível em: <http://www.planalto.gov.br/ccivil_03/_ato2007-2010/2009/lei/l12016.htm>. Acesso em: 19 abr. 2021.

BRASIL. Lei n. 12.063, de 27 de outubro de 2009. **Diário Oficial da União**, Poder Legislativo, Brasília, DF, 28 out. 2009c. Disponível em: <http://www.planalto.gov.br/ccivil_03/_Ato2007-2010/2009/Lei/L12063.htm>. Acesso em: 19 abr. 2021.

BRASIL. Lei n. 13.105, de 16 de março de 2015. **Diário Oficial da União**, Poder Legislativo, Brasília, DF, 17 mar. 2015a. Disponível em: <http://www.planalto.gov.br/ccivil_03/_ato2015-2018/2015/lei/l13105.htm>. Acesso em: 19 abr. 2021.

BRASIL. Lei n. 13.300, de 23 de junho de 2016. **Diário Oficial da União**, Poder Legislativo, Brasília, DF, 24 jun. 2016a. Disponível em: <http://www.planalto.gov.br/ccivil_03/_ato2015-2018/2016/lei/l13300.htm>. Acesso em: 19 abr. 2021.

BRASIL. Lei n. 13.445, de 24 de maio de 2017. **Diário Oficial da União**, Poder Legislativo, Brasília, DF, 25 maio 2017. Disponível em: <http://www.planalto.gov.br/ccivil_03/_Ato2015-2018/2017/Lei/L13445.htm>. Acesso em: 19 abr. 2021.

BRASIL. Senado Notícias. **Constituições Brasileiras**. Disponível em: <https://www12.senado.leg.br/noticias/glossario-legislativo/constituicoes-brasileiras>. Acesso em: 19 abr. 2021a.

BRASIL. Superior Tribunal de Justiça. Súmula n. 105. **Diário de Justiça**, 3 jun. 1994. Disponível em: <https://www.stj.jus.br/publicacaoinstitucional/index.php/sumstj/article/download/5403/5527>. Acesso em: 19 abr. 2021.

BRASIL. Superior Tribunal de Justiça. HC n. 536.338/SP. Rel. Min. Laurita Vaz. **Diário de Justiça Eletrônico**, 5 nov. 2019a. Disponível em: <https://processo.stj.jus.br/processo/revista/documento/mediado/?componente=ATC&sequencial=102525471&num_registro=201902921630&data=20191126&tipo=5&formato=PDF>. Acesso em: 19 abr. 2021.

BRASIL. Superior Tribunal de Justiça. RE n. 1.822.398/MG. Rel. Min. Francisco Falcão. **Diário de Justiça Eletrônico**, 19 nov. 2019b. Disponível em: <https://processo.stj.jus.br/processo/revista/documento/mediado/?componente=ATC&sequencial=102390558&num_registro=201901801859&data=20191126&tipo=5&formato=PDF>. Acesso em: 19 abr. 2021.

BRASIL. Supremo Tribunal Federal. ADI n. 5.240/SP. Rel. Min. Luiz Fux. **Diário de Justiça Eletrônico**, 1º fev. 2016b. Disponível em: <http://redir.stf.jus.br/paginadorpub/paginador.jsp?docTP=TP&docID=10167333>. Acesso em: 19 abr. 2021.

BRASIL. Supremo Tribunal Federal. ADPF n. 54/DF, Rel. Min. Marco Aurélio. **Diário de Justiça Eletrônico**, 12 abr. 2012a. Disponível em: <http://redir.stf.jus.br/paginadorpub/paginador.jsp?docTP=TP&docID=3707334>. Acesso em: 19 abr. 2021.

BRASIL. Supremo Tribunal Federal. ADPF n. 635/RJ, Rel. Min. Edson Fachin. **Diário de Justiça Eletrônico**, 5 jun. 2020b. Disponível em: <https://portal.stf.jus.br/noticias/verNoticiaDetalhe.asp?idConteudo=448994&ori=1>. Acesso em: 19 abr. 2021.

BRASIL. Supremo Tribunal Federal. AI n. 277.940/MG. Rel. Min. Celso de Mello. **Diário de Justiça Eletrônico**, 10 jun. 2011. Disponível em: <https://jurisprudencia.stf.jus.br/pages/search/despacho211257/false>. Acesso em: 19 abr. 2021.

BRASIL. Supremo Tribunal Federal. HC n. 87.585-5/TO. Rel. Min. Marco Aurélio. **Diário de Justiça Eletrônico**, 3 dez. 2008a. Disponível em: <http://redir.stf.jus.br/paginadorpub/paginador.jsp?docTP=AC&docID=597891>. Acesso em: 19 abr. 2021.

BRASIL. Supremo Tribunal Federal. HC n. 92.566-9/SP. Rel. Min. Marco Aurélio. **Diário de Justiça Eletrônico**, 3 dez. 2008b. Disponível em: <http://redir.stf.jus.br/paginadorpub/paginador.jsp?docTP=AC&docID=595384>. Acesso em: 19 abr. 2021.

BRASIL. Supremo Tribunal Federal. HC n. 95.967-9/MS. Rel. Min. Ellen Gracie. **Diário de Justiça Eletrônico**, 28 nov. 2008c. Disponível em: <http://redir.stf.jus.br/paginadorpub/paginador.jsp?docTP=AC&docID=565687>. Acesso em: 19 abr. 2021.

BRASIL. Supremo Tribunal Federal. HC n. 353.301/SP. Rel. Min. Antonio Saldanha. **Diário de Justiça Eletrônico**, 22 abr. 2016c. Disponível em: <https://stj.jusbrasil.com.br/jurisprudencia/892685413/habeas-corpus-hc-355301-sp-2016-0115827-5>. Acesso em: 19 abr. 2021.

BRASIL. Supremo Tribunal Federal. MI n. 670-9/ES. Rel. Min. Gilmar Mendes. **Diário de Justiça Eletrônico**, 25 out. 2007a. Disponível em: <http://redir.stf.jus.br/paginadorpub/paginador.jsp?docTP=AC&docID=558549>. Acesso em: 19 abr. 2021.

BRASIL. Supremo Tribunal Federal. MI n. 708-0/DF. Rel. Min. Gilmar Mendes. **Diário de Justiça Eletrônico**, 25 out. 2007b. Disponível em: <http://redir.stf.jus.br/paginadorpub/paginador.jsp?docTP=AC&docID=558551>. Acesso em: 19 abr. 2021.

BRASIL. Supremo Tribunal Federal. MI n. 712-0/PA. Rel. Min. Eros Grau. **Diário de Justiça Eletrônico**, 25 out. 2007c. Disponível em: <http://www.stf.jus.br/imprensa/PDF/mi712.pdf>. Acesso em: 19 abr. 2021.

BRASIL. Supremo Tribunal Federal. PSV n. 54/DF. Rel. Min. Ricardo Lewandowski. **Diário de Justiça Eletrônico**, 5 out. 2015b. Disponível em: <http://portal.stf.jus.br/processos/detalhe.asp?incidente=3964906>. Acesso em: 19 abr. 2021.

BRASIL. Supremo Tribunal Federal. RE n. 349.703-1/RS. Rel. Min. Carlos Britto. **Diário de Justiça Eletrônico**, 3 dez. 2008d. Disponível em: <http://redir.stf.jus.br/paginadorpub/paginador.jsp?docTP=AC&docID=595406>. Acesso em: 19 abr. 2021.

BRASIL. Supremo Tribunal Federal. RE n. 466.343-1/SP. Rel. Min. Cezar Peluso. **Diário de Justiça Eletrônico**, 3 dez. 2008e. Disponível em: <http://www.stf.jus.br/imprensa/pdf/re466343.pdf>. Acesso em: 19 abr. 2021.

BRASIL. Supremo Tribunal Federal. RE n. 716.101/RS. Rel. Min. Luiz Fux. **Diário de Justiça Eletrônico**, 8 nov. 2012b. Disponível em: <http://stf.jus.br/portal/processo/verProcessoPeca.asp?id=110311793&tipoApp=.pdf>. Acesso em: 19 abr. 2021.

BRASIL. Supremo Tribunal Federal. RE n. 80.004/SE. Rel. Min. Xavier de Albuquerque, **Diário de Justiça**, Brasília, DF, 1º jun. 1977a. Disponível em: <http://redir.stf.jus.br/paginadorpub/paginador.jsp?docTP=AC&docID=175365>. Acesso em: 19 abr. 2021.

BRASIL. Supremo Tribunal Federal. **Regimento Interno**. Brasília, 2020c. Disponível em: <https://www.stf.jus.br/arquivo/cms/legislacaoRegimentoInterno/anexo/RISTF.pdf>. Acesso em: 19 abr. 2021.

BRASIL. Supremo Tribunal Federal. RHD n. 22-8/DF. Rel. Min. Celso de Mello. **Diário de Justiça**, 19 nov. 1991. Disponível em: <http://redir.stf.jus.br/paginadorpub/paginador.jsp?docTP=AC&docID=362613>. Acesso em: 19 abr. 2021.

BRASIL. Supremo Tribunal Federal. Súmula n. 266. **Diário de Justiça**, 13 dez. 1963a. Disponível em: <http://www.stf.jus.br/portal/jurisprudencia/menuSumarioSumulas.asp?sumula=2459>. Acesso em: 19 abr. 2021.

BRASIL. Supremo Tribunal Federal. Súmula n. 267. **Diário de Justiça**, 13 dez. 1963b. Disponível em: <http://www.stf.jus.br/portal/jurisprudencia/menuSumarioSumulas.asp?sumula=2464>. Acesso em: 19 abr. 2021.

BRASIL. Supremo Tribunal Federal. Súmula n. 512. **Diário de Justiça**, 12 dez. 1969b. Disponível em: <http://www.stf.jus.br/portal/jurisprudencia/menuSumarioSumulas.asp?sumula=2685>. Acesso em: 19 abr. 2021.

BRASIL. Supremo Tribunal Federal. Súmula n. 632. **Diário de Justiça**, 5 jan. 1977b. Disponível em: <http://www.stf.jus.br/portal/jurisprudencia/menuSumarioSumulas.asp?sumula=2832>. Acesso em: 19 abr. 2021.

BRASIL. Supremo Tribunal Federal. Súmula Vinculante n. 25. **Diário de Justiça Eletrônico**, 2 fev. 2009d. Disponível em: <http://www.stf.jus.br/portal/jurisprudencia/menuSumario.asp?sumula=1268&termo>. Acesso em: 19 abr. 2021.

BRASIL. Supremo Tribunal Federal. **Tratados de Extradição**. Disponível em: <http://www.stf.jus.br/portal/cms/verTexto.asp?servico=legislacaoTratadoExtradicaoTextual&pagina=IndiceTratadoExtradicao>. Acesso em: 19 abr. 2021b.

BRASIL. Tribunal Superior Eleitoral. **Dia da Conquista do Voto Feminino no Brasil é comemorado nesta segunda (24)**. 24 fev. 2020d. Disponível em: <https://www.tse.jus.br/imprensa/noticias-tse/2020/Fevereiro/dia-da-conquista-do-voto-feminino-no-brasil-e-comemorado-nesta-segunda-24-1>. Acesso em: 19 abr. 2021.

CANOTILHO, J. J. G. **Constituição dirigente e vinculação do legislador**: contributo para a compreensão das normas constitucionais programáticas. 2. ed. Coimbra: Coimbra Editora, 1982.

CARVALHO, O. M. **Caracterização da teoria geral do Estado**. Belo Horizonte: Kriterion, 1951.

CARVALHO, O. M. **O mecanismo do governo britânico**. Belo Horizonte: Amigos do Livro, 1943.

CAMPOS, F. **O Estado nacional**: sua estrutura, seu conteúdo ideológico. Brasília: Senado Federal, 2001.

CONSTITUCIONALISMO. In: **Dicionário Priberam da Língua Portuguesa**. Disponível em: <https://dicionario.priberam.org/constitucionalismo>. Acesso em: 19 abr. 2021.

COOLEY, T. M. **The General Principles of Constitutional Law in the United States of America**. Boston: Little, Brown and Company, 1880.

CUNHA, P. F. da. A discussão da Corte Constitucional Internacional na Sociedade da Informação: alguns debates preliminares em rede social. **Convenit Internacional**, n. 26, p. 7-16, 2018. Disponível em: <http://www.hottopos.com/convenit26/07-16PFC.pdf>. Acesso em: 19 abr. 2021.

DESCARTES, R. **Discurso sobre o método**. São Paulo: L&PM Editores, 2005.

DIDEROT, M.; D'ALAMBERT, M. **Encyclopédie**. Paris: Académie Royale de Sciences de Paris; Société Royale de Londres, 1837. 28 v.

DIMOULIS, D. Igualiberdade: notas sobre a crítica dos direitos humanos. **Ius Gentium**, Curitiba, v. 7 n. 1, p. 22-39, 2016. Disponível em: <https://www.revistasuninter.com/iusgentium/index.php/iusgentium/article/view/231>. Acesso em: 19 abr. 2020.

DUPUY, P.-M. **Droit International Public**. 12. ed. Paris: Dalloz, 2014.

DWORKIN, R. **Uma questão de princípio**. 3. ed. São Paulo: M. Fontes, 2019.

ESTADOS UNIDOS. **Constituição dos Estados Unidos da América**. 1787. Disponível em: <http://www.direitoshumanos.usp.br/index.php/Documentos-anteriores-%C3%A0-cria%C3%A7%C3%A3o-da-Sociedade-das-Na%C3%A7%C3%B5es-at%C3%A9-1919/constituicao-dos-estados-unidos-da-america-1787.html>. Acesso em: 19 abr. 2021.

ESTADOS UNIDOS. Constitutional Rights Foundation. **The Mayflower compact**. Disponível em: <https://www.crf-usa.org/foundations-of-our-constitution/mayflower-compact.html>. Acesso em: 19 abr. 2021a.

ESTADOS UNIDOS. National Constitution Center. **Interactive Constitution**. Disponível em: <https://constitutioncenter.org/interactive-constitution/the-constitution>. Acesso em: 19 abr 2021b.

ESTADOS UNIDOS. **The Constitution of the United States**. Disponível em: <https://www.whitehouse.gov/about-the-white-house/our-government/the-constitution/>. Acesso em: 19 abr. 2021c.

FACHIN, Z. **Curso de direito constitucional**. 7. ed. Rio de Janeiro: Forense, 2015.

FERREIRA FILHO, M. G. **Direitos humanos fundamentais**. 15. ed. São Paulo: Saraiva, 2016.

FRANÇA. **Confédération Générale du Travail**. Disponível em: <https://www.cgt.fr/>. Acesso em: 19 abr. 2021.

FRANÇA. Conseil Constitutionnel. **Les Constitutions de la France**. Disponível em: <https://www.conseil-constitutionnel.fr/la-constitution/les-constitutions-de-la-france>. Acesso em: 19 abr. 2021.

FRANCO, A. A. de M. **Curso de direito constitucional brasileiro**. 3. ed. Rio de Janeiro: Forense, 2018.

FUNDAMENTAL. In: **Dicionário Priberam da Língua Portuguesa**. Disponível em: <https://dicionario.priberam.org/fundamental>. Acesso em: 19 abr. 2021.

HABERMAS, J. **Après l'État-nation**. Paris: Fayard, 2004.

HAMILTON, A.; JAY, J.; MADISON, J. **The Federalist Papers**. New York: Dover Thrift Editions, 2014.

KANT, I. **À paz perpétua**: um projeto filosófico. Petrópolis: Vozes, 2020.

KELSEN, H. **Teoria pura do direito**. 8. ed. São Paulo: M. Fontes, 2009.

KOSTA, K. A carta africana dos direitos do homem e dos povos no tempo: notas sincopadas para a arguição de uma dissertação de mestrado na Faculdade de Direito de Lisboa. In: PAGLIARINI, A. C.; DIMOULIS, D. **Direito constitucional internacional dos direitos humanos**. Belo Horizonte: Editora Fórum, 2012. p. 212-233.

LASSALLE, F. **A essência da Constituição**. Rio de Janeiro: Freitas Bastos, 2014.

LOCKE, J. **Second Treatise of Government**. Indiana: Hackett Publishing Company, 1980.

LUCAS JR., R. E. **The Industrial Revolution**: Past and Future – 2003 Annual Report Essay. 1º maio 2004. Disponível em: <http://minneapolisfed.org/pubs/region/04-05/essay.cfm>. Acesso em: 19 abr. 2021.

MAXWELL, K. (Coord.). **O livro de Tiradentes**: transmissão atlântica de ideias políticas no século XVIII. São Paulo: Penguin Classics; Companhia das Letras, 2013.

MEIRELLES, H. L; WALD, A.; MENDES, G. F. **Mandado de segurança e ações constitucionais**. 35. ed. São Paulo: Malheiros Editores, 2013.

MIRANDA, J. **Curso de direito constitucional**. Lisboa: Universidade Católica Editora, 2016. v. 1.

MORAES, A. de. **Direitos humanos fundamentais**. 11. ed. São Paulo: Atlas, 2017.

MORUS, T. **Utopia**. eBooks Kindle, 2020.

MÜLLER, F. **Fragmento (sobre) o poder constituinte do povo**. São Paulo: RT, 2004.

MÜLLER, F. V. In: PAGLIARINI, A. C. **A Constituição europeia como signo**: da superação dos dogmas do Estado nacional. Rio de Janeiro: Lumen Juris, 2005. p. 3-6.

OEA – Organização dos Estados Americanos. Comissão Interamericana de Direitos Humanos. **Convenção Americana Sobre Direitos Humanos**. San José, Costa Rica, 1969.

OEA – Organização dos Estados Americanos. Corte Interamericana de Direitos Humanos. **Caso das Crianças Yean e Bosico vs. República Domincana**. 8 set. 2005. Disponível em: <https://www.corteidh.or.cr/docs/casos/articulos/seriec_130_por.pdf>. Acesso em: 19 abr. 2021.

OEA – Organização dos Estados Americanos. Comissão Interamericana de Direitos Humanos. **Relatório Anual 2000**. Relatório n. 54/01. Caso 12.051. Maria da Penha Maia Fernandes. Brasil, 4 abr. 2001. Disponível em: <https://www.cidh.oas.org/annualrep/2000port/12051.htm>. Acesso em: 19 abr. 2021.

ONU – Organização das Nações Unidas. **Declaração Universal dos Direitos Humanos**. 10 dez. 1948. Disponível em: <https://www.unicef.org/brazil/declaracao-universal-dos-direitos-humanos>. Acesso em: 19 abr. 2021.

ONU – Organização das Nações Unidas. **Estatuto da Corte Internacional de Justiça**. 1945. Disponível em: <http://www.direitoshumanos.usp.br/index.php/Corte-Internacional-de-Justi%C3%A7a/estatuto-da-corte-internacional-de-justica.html>. Acesso em: 19 abr. 2021.

ONU – Organização das Nações Unidas. **Pacto Internacional dos Direitos Civis e Políticos**. 1966a. Disponível em: <https://www.oas.org/dil/port/1966%20Pacto%20Internacional%20sobre%20Direitos%20Civis%20e%20Pol%C3%ADticos.pdf>. Acesso em: 19 abr. 2021.

ONU – Organização das Nações Unidas. **Pacto Internacional dos Direitos Econômicos, Sociais e Culturais**. 1966b. Disponível em: <https://www.oas.org/dil/port/1966%20Pacto%20Internacional%20sobre%20os%20Direitos%20Econ%C3%B3micos,%20Sociais%20e%20Culturais.pdf>. Acesso em: 19 abr. 2021.

PADILHA, R. **Direito constitucional**. 4. ed. São Paulo: Método, 2014.

PAGLIARINI, A. C. **A Constituição europeia como signo**: da superação dos dogmas do Estado nacional. Rio de Janeiro: Lumen Juris, 2005.

PAGLIARINI, A. C. **Constituição e direito internacional**: cedências possíveis no Brasil e no mundo globalizado. Rio de Janeiro: Forense, 2004.

PAGLIARINI, A. C. Democracia e direitos humanos na comunidade internacional, no Estado nacional e na sociedade civil cosmopolitana. In: BARROZO, H. A.; TESHIMA, M.; MAZZUOLI, V. de O. **Novos estudos de direito internacional contemporâneo**. Londrina: Eduel, 2008. p. 217-231. v. 1.

PAGLIARINI, A. C. Direitos humanos, constituição e democracia na nação e no mundo. **Nomos – Revista do Programa de Pós-Graduação em Direito da Universidade Federal do Ceará**, Fortaleza, v. 25, p. 21-32, 2006. Disponível em: <http://www.periodicos.ufc.br/nomos/article/view/20021/30674>. Acesso em: 19 abr. 2021.

PAGLIARINI, A. C. Hermenêutica para a compreensão da corte constitucional internacional e novo mundo. **Revista do Instituto de Hermenêutica Jurídica**, Belo Horizonte, ano 14, n. 20, p. 125-142, jul./dez. 2016a. Disponível em: <https://edisciplinas.usp.br/pluginfile.php/3904242/mod_resource/content/1/Pagliarini.pdf>. Acesso em: 19 abr. 2021.

PAGLIARINI, A. C. Justificativas favoráveis à criação do Tribunal Constitucional Internacional. **Notandum**, ano 19, n. 41, p. 45-52, 2016b. Disponível em: <http://www.hottopos.com/notand41/45-52Pagliarini.pdf>. Acesso em: 19 abr. 2021.

PAGLIARINI, A. C. Num contexto mundial de unilateralismos exacerbados, seria possível uma corte constitucional internacional? **Constituição, Economia e Desenvolvimento: Revista da Academia Brasileira de Direito Constitucional**, Curitiba, v. 9, n. 16, p. 27-38, 2017. Disponível em: <https://abdconstojs.com.br/index.php/revista/article/view/157/155>. Acesso em: 19 abr. 2021.

PAGLIARINI, A. C.; BERRI, C. H. G. A inconfidência e Tiradentes: o filme. **Redes – Revista Eletrônica Direito e Sociedade**, Canoas, v. 7, n. 2, p. 181-187, 2019. Disponível em: <https://revistas.unilasalle.edu.br/index.php/redes/article/view/5533>. Acesso em: 19 abr. 2021.

PAGLIARINI, A. C.; DIMOULIS, D. **Direito constitucional internacional dos direitos humanos**. Belo Horizonte: Fórum, 2012.

PAGLIARINI, A. C.; FERNANDES, H. C. P. Três razões que explicam a instabilidade da suprema corte brasileira, seus problemas e efeitos. **Themis – Revista da ESMEC**, Fortaleza, v. 17, n. 2, p. 17-46, 2019. Disponível em: <http://revistathemis.tjce.jus.br/index.php/THEMIS/article/view/724/pdf>. Acesso em: 19 abr. 2021.

PEREIRA, C. M. da S. **Instituições de direito civil**: introdução ao direito civil – teoria geral de direito civil. 33. ed. Rio de Janeiro: Forense, 2020. v. 1.

PFERSMANN, O. **Positivismo jurídico e justiça constitucional no século XXI**. Tradução de Alexandre Coutinho Pagliarini. São Paulo: Saraiva, 2014.

PIOVESAN, F. **Direitos humanos e o direito constitucional internacional**. 18. ed. São Paulo: Saraiva, 2018.

REZEK, J. F. "A guerra ao teor viola o direito internacional". **O Estado de S. Paulo**, 22 maio 2011. Entrevista concedida a Bruna Ribeiro. Disponível em: <https://internacional.estadao.com.br/noticias/geral,a-guerra-ao-terror-viola-o-direito-internacional-imp-,722448>. Acesso em: 19 abr. 2021.

REZEK, J. F. "O Supremo é, hoje, um arquipélago de onze monocracias", diz Rezek. **Correio Braziliense**, 21 out. 2019. Entrevista concedida a Denise Rothenburg, Dad Squarisi e Ana Dubeux. Disponível em: <https://www.correiobraziliense.com.br/app/noticia/politica/2019/10/21/interna_politica,799407/o-supremo-e-hoje-um-arquipelago-de-onze-monocracias-diz-rezek.shtml>. Acesso em: 19 abr. 2021.

REZEK, J. F. **Direito internacional público**: curso elementar. 17. ed. São Paulo: Saraiva, 2018.

RIO DE JANEIRO (Estado). Diretoria-Geral de Comunicação e de Difusão do Conhecimento. **Revista de Direito do Tribunal de Justiça do Estado do Rio de Janeiro**, n. 110, 2017a. Disponível em: <http://www.tjrj.jus.br/documents/10136/5359130/revista-110.pdf>. Acesso em: 19 abr. 2021.

RIO DE JANEIRO (Estado). Diretoria-Geral de Comunicação e de Difusão do Conhecimento. **Revista de Direito do Tribunal de Justiça do Estado do Rio de Janeiro**, n. 112, 2017b. Disponível em: <http://www.tjrj.jus.br/documents/10136/5359130/revista-112.pdf>. Acesso em: 19 abr. 2021.

RIVERO, J.; MOUTOUH, H. **Libertés Publiques**. 8. ed. Paris: PUF, 2003.

RÚSSIA. **Constituição da República Socialista Federativa Soviética Russa**: Constituição da Revolução Proletária de Outubro de 1917 – Constituição de Lenin, Sverdlov e Trotsky. 10 jul. 1918. Disponível em: <http://www4.policiamilitar.sp.gov.br/unidades/dpcdh/Normas_Direitos_Humanos/CONSTITUI%C3%87%C3%83O%20SOVI%C3%89TICA%20-%201919.pdf>. Acesso em: 19 abr. 2021.

SANTO AGOSTINHO. **A Trindade**. São Paulo: Paulus Editora, 1995.

SANTO AGOSTINHO. **O livre-arbítrio**. São Paulo: Paulus Editora, 1997.

SANTO HILÁRIO DE POITIERS. **Tratado sobre a Santíssima Trindade**. São Paulo: Paulus Editora, 2014.

SARLET, I. W. **A eficácia dos direitos fundamentais**: uma teoria geral dos direitos fundamentais na perspectiva constitucional. 11. ed. Porto Alegre: Livraria do Advogado, 2012.

SCHWAB, K. **A quarta revolução industrial**. Tradução de Daniel Moreira Miranda. São Paulo: Edipro, 2018.

SCHWARTZ, B. **Direito constitucional americano**. Rio de Janeiro: Forense, 1955.

SHEEN, F. **A vida de Cristo**. São Paulo: Mordekai, 2019.

SILVA, J. A. **Curso de direito constitucional positivo**. 30. ed. São Paulo: Malheiros, 2007.

TAVARES, A. R. **Curso de direito constitucional**. 17. ed. São Paulo: Saraiva, 2019.

UNIÃO EUROPEIA. Acórdão de 15 de dezembro de 1995 – Processo C-415/93. **Tribunal de Justiça da União Europeia**, 15 dez 1995. Disponível em: <https://eur-lex.europa.eu/legal-content/PT/TXT/PDF/?uri=CELEX:61993CJ0415&from=EN>. Acesso em: 19 abr. 2021.

UNIÃO EUROPEIA. **Carta dos Direitos Fundamentais da União Europeia**. 2000. Disponível em: <https://www.europarl.europa.eu/charter/pdf/text_pt.pdf>. Acesso em: 20 abr. 2021.

UNIÃO EUROPEIA. Conselho das Comunidades Europeias. Regulamento (CEE) n. 1.612, de 15 de outubro de 1968. **Jornal Oficial da União Europeia**, 19 out. 1968. Disponível em: <https://eur-lex.europa.eu/legal-content/PT/TXT/PDF/?uri=CELEX:01968R1612-20040430&from=LV>. Acesso em: 19 abr. 2021.

UNIÃO EUROPEIA. **Versões compiladas do tratado da União Europeia e do tratado que institui a Comunidade Europeia**. 2002. Disponível em: <https://eur-lex.europa.eu/legal-content/PT/ALL/?uri=CELEX:12002E/TXT>. Acesso em: 19 abr. 2021.

WERNECK, G. Museu da Inconfidência completa 70 anos como guardião da história de Minas. **Estado de Minas Gerais**, 19 jul. 2014. Disponível em: <https://www.em.com.br/app/noticia/gerais/2014/07/19/interna_gerais,549727/museu-da-inconfidencia-completa-70-anos-como-guardiao-da-historia-de-minas.shtml>. Acesso em: 19 abr. 2021.

Apêndice – Esquema para aulas sobre todas as ações constitucionais

- *Habeas data*
- Mandado de injunção (individual e coletivo)
- Ação popular
- Mandado de segurança (individual e coletivo)
- *Habeas corpus*
- Ação civil pública

Habeas data

I. Finalidades:
   - (i) assegurar o conhecimento de informações do impetrante;
   - (ii) retificar dados errôneos do impetrante;
   - (iii) explicar dado (do impetrante) verdadeiro, mas justificável, que esteja sob pendência judicial.

II. *Habeas data versus* mandado de segurança: art. 5º, inciso LXIX, da CF/1988 (Brasil, 1988).

III. Etapas do *habeas data*:
   - (i) conhecimento dos dados anteriormente negados;
   - (ii) solicitação de retificação ou complementação mediante provas.

IV. Legitimidade ativa: pessoas físicas ou jurídicas, nacionais ou estrangeiras diretamente interessadas no acesso às informações.

V. Recurso em face da sentença de *habeas data*: apelação em 15 dias.

VI. *Habeas data versus* garantia constitucional de obtenção de certidões.

VII. Isenção de honorários advocatícios pelo sucumbente: Súmula n. 512 do STF; Súmula n. 105 do STJ.

Mandado de injunção individual e coletivo

I. Conceito: remédio constitucional que autoriza o Judiciário a expedir norma regulamentadora para a fruição de direitos humanos e prerrogativas inerentes à nacionalidade, à soberania e à cidadania.

II. Aplicação imediata pelo Poder Judiciário – mesmo na falta de regulamentação infraconstitucional: parágrafo 1º do art. 5º da CF/1988.

III. Mandado de injunção *versus* mandado de segurança.

IV. Mandado de injunção e constitucionalidade: instrumento de controle concreto (ou incidental) de constitucionalidade da omissão, voltado à tutela de direitos subjetivos, mas não se confunde com a ação declaratória de inconstitucionalidade por omissão.

V. Produção de provas: não se admite produção de provas. O direito alegado deve ser comprovado com a inicial.

VI. **Norma constitucional de eficácia limitada (pela falta de norma infraconstitucional regulamentadora)**: quando o exercício pleno dos direitos nela previstos depende necessariamente de edição normativa posterior. Thomas Cooley e Ruy Barbosa: normas *self-executing* e normas *not-self-executing*.

VII. Cabimento de liminar.

VIII. Mandado de injunção e o Ministério Público:

  (i) como autor;
  (ii) como *custos legis*;

(iii) o Ministério Público pode impetrar mandado de injunção com base no art. 129, inciso II, da CF/1988 e no art. 6º da Lei Complementar n. 75/1993, nos casos que envolvem direitos difusos e coletivos.

ix. Legitimidade ativa:

(i) mandado de injunção individual: a pessoa cuja fruição de direito fundamental esteja impedida por falta de norma infraconstitucional regulamentadora.

(ii) mandado de injunção coletivo: o grupo de pessoas cuja fruição de direito fundamental esteja impedida por falta de norma infraconstitucional regulamentadora.

x. Legitimidade passiva: o órgão ou a autoridade responsável pela expedição da norma infraconstitucional regulamentadora de direito fundamental.

Ação popular

i. Conceito: remédio constitucional disponível a qualquer cidadão para anular ato lesivo ao patrimônio público, à moralidade administrativa, ao meio ambiente e ao patrimônio histórico e cultural. O ato deve ser também ilegal.

ii. Obrigatória a apresentação do título de eleitor pelo autor.

iii. Somente os atos administrativos vinculados são passíveis de ação popular.

iv. A ação popular ampara interesses da coletividade. Impossibilidade de amparar interesses individuais próprios.

v. A imoralidade pura e simples não enseja AP por sua vaguidade.

VI. Ação popular: preventiva ou repressiva.
VII. Lesão: efetiva ou presumida (art. 4º da Lei n. 4.717/1965).
VIII. Litisconsorte: qualquer eleitor pode intervir na ação popular.
IX. É incabível ação popular contra ato jurisdicional.
X. Intervenção do Ministério Público na ação popular: obrigatória.
XI. Competência para julgamento da ação popular: sempre da justiça de primeiro grau (federal ou estadual).
XII. Cabível liminar em ação popular.
XIII. Contestação: prazo de 20 dias, prorrogável por mais 20.
XIV. Rito: é o ordinário, e a sentença deve ser proferida 15 dias após a conclusão dos autos.
XV. Recursos: de ofício; apelação com efeito suspensivo; agravo de instrumento; pedido de cassação de liminar ao presidente do tribunal.
XVI. A sentença terá efeito *erga omnes*.

Mandado de segurança individual e coletivo

I. Conceito: o mandado de segurança é um remédio constitucional destinado a proteger direito líquido e certo, não amparado por *habeas corpus* ou *habeas data*, quando o responsável pela ilegalidade ou abuso de poder for autoridade pública ou agente de pessoa jurídica no exercício de atribuições do Poder Público.

II. Direito líquido e certo: aquele que o autor demonstra pré-constituído na inicial. Por esse motivo, não cabe contestação e dilação probatória no mandado de segurança.
III. Cabimento: apenas em face de pessoa física.
IV. O coator ou é autoridade pública ou é alguém que, apesar de prestar serviço para pessoa privada, presta-o como se esta tivesse atribuições de Poder Público.
V. Cabe mandado de segurança contra ilegalidade e contra abuso de poder.
VI. O mandado de segurança pode ser repressivo ou preventivo.
VII. O mandado de segurança protege direito individual e coletivo. Portanto, também cabe mandado de segurança coletivo que pode ser impetrado por:
  (i) partido político com representação no Congresso Nacional;
  (ii) organização sindical, entidade de classe ou associação legalmente constituída e em funcionamento há pelo menos um ano, em defesa dos interesses de seus membros ou associados.
VIII. Execução específica ou *in natura* do mandado de segurança cabe à autoridade coatora, e os efeitos patrimoniais da condenação tocam à entidade a que pertence o coator (a entidade tem direito de regresso contra o coator).
IX. O coator não contesta o mandado de segurança, mas apresenta informações.

x. Não cabe mandado de segurança contra lei em tese (Súmula n. 266 do STF), ou seja, contra norma geral e abstrata.
xi. Cabe mandado de segurança para a realização de arbitragem (Lei n. 9.307/1996).
xii. Competência: sede da autoridade coatora + categoria funcional.
xiii. Liminar em mandado de segurança:
   (i) quando houver fundamento relevante;
   (ii) quando a não concessão representar a ineficácia da medida.
xiv. No mandado de segurança coletivo existe uma relação formal entre seus titulares.
   (i) Súmula n. 267 do STF: "não cabe mandado de segurança contra ato judicial passível de recurso ou correição" (Brasil, 1963b), desde que a medida alternativa produza o efeito suspensivo do ato ilegal ou abusivo.
xv. Os mandados de segurança foram bastante reduzidos pela possibilidade de se imprimir efeito suspensivo no agravo de instrumento.
xvi. Prazo: é decadencial e de 120 dias, contados a partir da ciência do ato impugnado (art. 23 da Lei n. 12.016/2009 e Súmula n. 632, do STF) e a partir do momento em que o ato se tornou apto a produzir lesões ao impetrante.

Habeas corpus

i. Conceito: é o remédio constitucional da liberdade de locomoção (ir, vir, permanecer e ficar) que tenha sido tolhida ou ameaçada, por violência ou coação ilegal ou abuso de poder.
ii. Modalidades: preventivo e repressivo.
iii. O próprio paciente é detentor do *ius postulandi*.
iv. Casos de coação ilegal:
   (i) prisão sem justa causa;
   (ii) prisão por mais tempo do que determinado em lei;
   (iii) prisão ordenada por autoridade incompetente;
   (iv) motivo cessado que anteriormente autorizou a prisão;
   (v) quando a autoridade não admitir fiança e a lei a autoriza;
   (vi) em processo nulo;
   (vii) quando extinta a punibilidade.
v. *Habeas corpus* com réu preso é a ação mais importante do Brasil.
vi. A coação à liberdade individual comumente é praticada por autoridades do Poder Público. Entretanto, o STJ já deferiu *habeas corpus* para afastar internação involuntária em clínica psiquiátrica (HC n. 355.301).
vii. Punição disciplinar militar: não cabimento de *habeas corpus*.

Ação civil pública

I. Conceito: ação civil pública é diferente da ação popular por conta da legitimidade ativa. A ação civil pública é institucional, e a ação popular é pessoal. A ação civil pública visa proteger coisas e coletividades indeterminadas, tais como: o meio ambiente, o consumidor, os bens de valor artístico (e outros), podendo produzir a responsabilidade de quem lesou tais bens.

II. Pode ser utilizada, cautelarmente, para evitar danos:
   (i) ao meio ambiente;
   (ii) ao consumidor;
   (iii) aos bens e direitos de valor artístico, estético, histórico, turístico ou paisagístico;
   (iv) para promover a responsabilidade de quem haja causado lesão a esses mesmos bens.

III. Se a ação civil pública for abandonada ou dela desistir o autor, o Ministério Público ou outro legitimado assumirá a titularidade.

IV. É possível firmar termo de ajustamento de conduta (TAC) com eficácia de título executivo extrajudicial;

V. O Ministério Público é quem recebe as denúncias de fatos que possam ensejar o ajuizamento de ação civil pública.

VI. Cabe liminar em ação civil pública.

Sobre o autor

Alexandre Coutinho Pagliarini tem pós-doutorado em Direito Constitucional pela Universidade de Lisboa, orientado pelo Professor Catedrático Jorge Miranda (titulação obtida em 4/2/2008). A tese de pós-doutoramento intitulou-se "Democracia mundial: ensaio de uma filosofia (neo)constitucional para a universalização da participação popular".

Doutor e mestre em Direito do Estado pela Pontifícia Universidade Católica de São Paulo (PUC-SP, 2004 e 2002), tendo obtido, em ambas as bancas, notas máximas (dez). O conceito (nota) do Programa de Pós-Graduação em Direito (PPGD) da

PUC-SP perante a Coordenação de Aperfeiçoamento de Pessoal de Nível Superior (Capes) era 6, tanto em 2002 quanto em 2004.

Professor convidado do catedrático Jorge Miranda nos cursos de Licenciatura, Doutorado e Mestrado em Direito da Universidade de Lisboa e da Universidade Católica Portuguesa. Organizador de eventos na Université Paris 1 Panthéon-Sorbonne enquanto convidado do Professor Catedrático Otto Pfersmann e por ser Presidente da Semana Franco-Lusófona de Direito Constitucional.

Depois de ter residido, trabalhado e estudado na Inglaterra (Londres) e na França (Rennes e Paris), graduou-se em Direito, em 1992, pela Faculdade de Direito do Sul de Minas (FDSM), onde também foi professor, chefe do Departamento de Direito Público e Coordenador-Geral de Pós-Graduação. Tornou-se, em 1994, mediante concurso público, Procurador do Município de Pouso Alegre/MG. Foi também aprovado no concurso para Defensor Público do Estado de Minas Gerais. É Diretor de Relações Internacionais do Instituto de Direito Constitucional e Cidadania (IDCC). Ex-membro da Banca Examinadora de Direito Internacional para o Exame de Ordem da OAB/MG. Conselheiro e avaliador das Editoras RT, Fórum, GZ e de várias revistas jurídicas no Brasil e no exterior. Tem experiência nacional e internacional nas áreas do direito e das relações internacionais. Na Europa, diplomou-se em Língua Inglesa pela Cambridge University (Inglaterra), sendo fluente também em francês, espanhol e italiano. Autor das editoras Marcial Pons (Espanha), Saraiva, RT,

Forense, Fórum, GZ, InterSaberes e Lumen Juris, e de inúmeros textos científicos publicados no Brasil e no exterior.

Participou diretamente da criação e/ou da coordenação dos seguintes cursos de Mestrado em Direito: Minter da UFPR na Faculdade de Direito do Sul de Minas (FDSM); Mestrado próprio da FDSM; Mestrado próprio da UniBrasil; Mestrado próprio da Universidade Tiradentes (Unit); Minter da PUCPR na Unit; Mestrado próprio do Centro Universitário Internacional Uninter.

Atualmente, leciona nos cursos de Mestrado e Graduação em Direito do Centro Universitário Internacional Uninter, em Curitiba/PR, onde é professor titular. O Mestrado em Direito do Centro Universitário Internacional Uninter foi recomendado pela Capes por meio da Proposta n. 1.506/2015, cujo resultado positivo foi publicado em 16/12/2015 na Plataforma Sucupira.

É coeditor da Revista *Ius Gentium* (ISSN 2237-4965), vinculada ao Curso de Mestrado em Direito do Centro Universitário Internacional Uninter.

Tradutor francês-português-francês e inglês-português-inglês. Tradutor do Professor Catedrático Otto Pfersmann (Sorbonne, Paris) pela Editora Saraiva e pelo Instituto Brasiliense de Direito Público (IDP).

Palestrante no Brasil e no exterior.

Os papéis utilizados neste livro, certificados por instituições ambientais competentes, são recicláveis, provenientes de fontes renováveis e, portanto, um meio **respons**ável e natural de informação e conhecimento.

Impressão: Reproset
Junho/2021